JN418980

인도양에 핀 종이꽃

이인상 시집

인도양에핀 종이꽃

도서출판 힘써

인도양에 핀 종이꽃

초판 인쇄 2019년 9월 29일
초판 발행 2019년 9월 30일

기획 | 힘써 기획부
지은이 | 이인상
대표이사 | 박경선
펴낸곳 | 도서출판 힘써

등록 | 2017년 11월 27일
주소 | 경기도 안산시 상록구 항호1길 26, 201호
전화 | 010-8881-2926
E-mail : rlagkrwls2003@hanmail.net
ISBN 978-89-85323-12-3
값 10,000원

이 책의 저작권은 도서출판 힘써에 있습니다.
저자와 출판사의 동의 없는 무단 전재 및 복제를 금합니다.

목차

제2부 - 살다보니

제3부 - 어미여 내 어미여

제4부 – 봄날을 만나다

제5부 – 인도네시아랍니다

제6부 – 시간 유산

■ 서문

50여 년 전을 생각한다

최 병 준
시인 · 문학박사 · 강남대 명예교수(총장 역임)

"선생님, 안녕하시죠. 저 이인상이입니다. 건강하시죠" 약간 들뜬 목소리였다.

"어. 뭐 인상이라구, 아니 이 교수라구" 먹먹한 나였고.

너무나 오랜만이라 서로 말이 엉켜, 줄이기로 하고 다음날 12시에 만나서 회포를 풀기로 하였다. 다음날이 무척 기다려졌고, 잠까지 좀 설쳤다.

내 고등학교 근무시절, 그는 1965년에 졸업하였으니 인연을 셈하면 50 년이 훨씬 넘는 셈이다.

누구나 겪었던 일이지만 훈장 같이 달고 다니던 가난을 밀치며 대학, 하필이면 그것도 국어국문과에 뜻을 두기에 "더 춥고 배고프려고" 하였더니, 그는 과감히 기계공학과로 방향을 바꾸었고 졸업 후 고교교사, 대학교수로 정년퇴직, 지금 고희를 훨씬 넘긴 나이가 되었다.

그는 모든 어려움을 결코 피하지 않는 정면돌파형의 우직함이 있었다.

40분 전, 약속한 장소에서 약간의 설레임을 데리고 기다렸다.

20분 전쯤, 학생모는 안 썼지만 54년 전 그대로 학생 인상이가 바람처럼 앞에 나타났다. 젊은 냄새가 아직은 묻어 있었다.

“어, 인상이, 이 교수.”

“선생님 죄송합니다.”

“아니 아니 그게 아니구.”

“선생님 죄송합니다.”

우리는 자리를 옮겨 마주앉았다. 3시간 여, 그는 이야기 했고, 난 주로 묻고 들었다.

퇴임 후, 이 일 저 일, 이 사람 저 사람, 이 물 저 물 경험하고 지금은 인도네시아에 산단다.

조금도 구저분하지 않고 싱싱한 냄새의 이야기에 빠져들기까지 하였다.

모든 걸 소화한 의연함도 절감했고.

“그런데 선생님, 살면 살수록 가슴 한쪽이 허전하구, 옆구리 한 귀퉁이가 뻥 뚫리는 거 같구, 늘 바람이 휑하니 드나들어 언제나 춥데요. 그럴 때마다 무언가 썼습니다” 하며 두툼 묵직한 원고 뭉치를 나에게 안겼다.

함량이 풍부한 원석일 게 분명하다.

짐을 들고 왔다. 하여간 대견한 마음이 들었다.

작품을 일별하기엔 나에겐 좀 무거웠으나 그의 뜨거움에 놀라면서 인내심을 가지고 하나하나 짚어 봤다.

먼저 쉽게 발견되는 것이 전편에서 ‘소재의 다양성’과

'평이한 일상언어의 사용' 이라는 점이다. 주변의 생활자체가 풋풋하게 형상화되었다는 점이고, 다음은 작품 하나하나에 '이야기가 살아있어' 우리가 친근하게 다가가게 된다. (작품 "설 명절" "봄날을 만나다")

근래 유행하는 생경한 언어, 난삽한 언어와는 거리가 멀다는 것이다.

다음, 작시 태도에 있어, 시류에 넘쳐나는 '비껴보기나 낯설게 하기나 비틀기(꼬기) 등' 이 전연 보이지 않아 '직선적이고 순수하기' 까지 한 점이다. (작품 "엄마의 노래" "그냥 혼자 한 사랑" "빈 찻잔" 등)

또한, 모든 작품이 수사 없이 직정적으로 쓰여진 점은 시를 '손가락으로 쓰지 않고, 가슴으로 쓴다' 는 시인의 자세가 약여하게 나타난, '시에 혼을 헌신' 한 징표이기도 하다.

자칫 빠지기 쉬운 함정, 지식의 현학(衒學)이나 언어의 유희(遊戱)가 없는 게 얼마나 다행인가.

하여 원명(原名)이 '부겐빌레아' 로 불리는 "인도양에 핀 종이꽃"은 "생명의 꽃"으로 영원히 필 게고.

이만 약설하기로 하면서 '좀더 익혔으면, 좀더 가라앉혔으면' 하는 마음이고.

"청출어람(靑出於藍)이고 후생이 가외(後生이 可畏)"라. 그에게 박수를 보내면서, "이와 같이 나중 된 자로서 먼저 되고 먼저 된 자로서 나중 되리라" 라는 성경 구절을 그에게 보낸다.

2019년 8월 11일

■ **책 소개**

적도(赤道)에 핀 종이꽃
(Bunga Kertas / Nusan indah)

바스락 바스락
적도에 핀 바스라기 종이꽃

자연 인공 꽃 세상
사람과 꽃님의 만남

바라보면 청순한 하얀 빛 되어 맞이한다
생김새에 속아 만지면 진분홍색으로 반긴다
있는 듯 없는 듯이 싫어 자주색이 된다

초록 초록 이파리
고혹적 꽃술처럼
돌돌 말린 포에 담긴 노란 수술
꽃향기 없는 듯 있는 마음에
은은히 젖어 꽃 내움 가득

추운 곳이 싫어 겨울 없는 곳에만
무리지어 덩굴 모여 양지 바른 햇빛에서

화려치 않게 예쁘고 수수함 청순함을 뽐낸다

자외선 쬐임을 닮아
'정열이며 영원한 사랑' 을 말하는
적도(赤道) 열도(列島) 꽃은 나의 입술을 닮았다

인니에서 인 상

* 진짜 이름은 프랑스 탐험가 발견자 이름으로 부겐빌레아 (Bougainvillea. Paper Flower)이며 고향은 남아메리카 이다.

제1부

아가미

이다. 아니다. 돌멩이

이다아니다돌멩이는바람한점에
하늘햇볕땅달빛을내려부어돌멩이는모래가아니며
만물모양새닮으려는조약돌탄생이다

디딤돌은짓밟고건너가는여울목돌이다
걸림돌은사악한짓으로걸림하는돌만이아니다
누름돌은겨울김장독에묻혀있는돌이다
보석돌은여인네의아름다움빛냄돌만이아니다
주춧돌은기둥덮게된조상묘고인돌이다
보듬돌은신의영특을껴안음하는돌만이아니다
무딤돌은정적동적인성질을품은돌이다

바둑돌은지혜지략을꾀하는오락돌만이아니다
모래돌은지구몸뚱이알갱이작은돌이다
화석돌은자연사람살이발자취의돌만이아니다
귀환돌은독립선열의뜻기리는기억광장돌이다

흙과물이뼈에피되어코끼리와고래에서
자애와진실을잉태하며바위속세상구경나온
죽음의부활새싹되어사람진화의영혼이다

여행자 1

사람
낯선 인간들
사람살이 비슷한 만남과 엇비슷한 헤어짐이
출발점에서 종착지점의 쳇바퀴까지 맞대고 있다

사람 마음에도 햇볕을 쪼이고 바람을 쏘이며
마음의 빗장을 살포시 열어 놓을 때
부드러운 손길은 햇살로 비누질하고
바람 구름 강 호수 화산 분화구로
때 묻은 몸둥이 씻고 풀꽃 향수로
따뜻한 마음으로 바람 마중물로 씻고 떠난다
떠나는 봇짐에 담은 사연 짊어 넣고

봄 향기 찾아 가는 이민자
여름 열정 태우려가는 여행자
가을 낭만 쫓아가는 유랑자
겨우살이 추위 피해가는 도망자
또 하나
모자람과 아픔을 도우러 가는 순례자

이에
돌아갈 자 돌아 올 곳
점쟁이 되어 생각 저울 도래질한다

편히 잘 가오.
뺑튀기 한 자루 짊어지고
무사히 돌아오소

두리안 냄새 흠뻑 가득 담아가지고 온다 해도
참으로 내 몸 한 부분 들어 놓을 수 없기에
그대 산머리 산마루 등성이 아래 머무는
미로의 여행자가 다시 되어
아직도 찾지 못한 머물 곳을 찾아
길을 또 떠나야 하나보다

여행자 2

사람 마음에도 햇볕을 쪼이고 바람을 쏘이며
마음의 빗장을 살포시 열어 옥빛 내음새로 가득 담는다

고운 아름 자연에 몸치장 빈곳 찾아 머무는
부드러운 손길이 햇살로 비누질하고
바람 구름 강 호수 화산 분화구로
때 묻은 몸둥이 씻고 들 풀꽃 향수로
따스한 마음은 바람방울 마중물 되었다

노란 파랑 빛이 녹색으로 되어 다 전할 수 없어
마음 길은 차밭 길에다가 호수길 들여놓고
떠나기 싫어서 하늘 구름과 호수에다 사랑의 전설
허상을 실질적 욕망으로 펼쳐낸다

참으로 내 몸 한 부분 들여놓을 수 없기에
그대 산머리 산마루 등성이 아래 머무는
행복의 여행자가 되나 보다
그리고 아직 찾지 못한 머물 곳을 찾아
길을 또 떠나야 하리라

자바의 스위스 가룻, 찌위대이에서(인도네시아)

흙

흙이 한줌 모래에서 사랑의 기쁨 슬픔으로
진흙은 무명에서 생명의 삶을 승화시킨다
신비 우주가 무에서 유로 창출해 빛 어둠을
만들어 바다, 물고기, 식물로 성숙시킬 때
흙더미는 벌레, 동물, 사람진화를 만들었다

흙은 나무뿌리를 보듬어 안고 떡잎사귀에서
꽃, 열매 맺고 인과응보 깨우침을 가르쳤다

흙이 사람들의 발아래 밟힘 당해도 자리에
욕심치 않고 위에 얹어도 오르지 않으며
우러러 보면서 하늘이 넓고 높음을 말한다

흙 성질은 더 이상 낮아질 수 없는 한계로
최고 높은 자태의 도자기 불가마 불꽃 된다

흙은 겸손(Humble)이다
흙은 인간(Human)이다
흙은 아담(Humus)이다

흙이 아퀴* 생명체 산실에 생물 무생물을 품고
흙은 자연 품안표징 그대로 돌아간다고 소리친다

＊아퀴 :

1. 일을 마무르는 끝매듭
2. 일이나 정황 따위가 빈틈없이 들어맞음을 이르는 말

양식(糧食)

사람은 머리를 들고 하늘로 향해 가고
새들은 날갯짓하다
땅에다 집을 짓는다

인간이 하늘에다 영혼이 살 집을 만들 때
날짐승은 땅에다 깃털로 보금자리를 남긴다

하늘에는 천당이
땅에는 연옥 지옥이 있기 때문일까

참새가 땅에서 곡식을 쪼아 먹을 때
두더지는 하늘에서 먹을거리를 찾는다

땅 살이
하늘 살이

어느 것이 더 좋은 안식처일까

이승에서
저승으로

오늘도
나와 너는
땅을 쳐다보다가 하늘을 쳐다본다

일용한 양식
신령한 음료
물질적 음식
영원한 양식을 구하기 위해서…

* 생명체가 살아가는 데 요구되는 먹을거리 식량 지식 사상 등 정신 활동을 하는데 밑거름이 되는 소양(素養)이 우리가 필요한 종교적 현실적 양식이라 보고 글짓다.

설 명절

낮 서른 새 날

하나
사람살이

둘
인간얘기

셋
세상만담

멋깔나는 풍습
맛깔나는 음식

주저리
주저리이어 놓는다

흉에서 자랑한 껏
칭찬에서 아쉬움

그런 이런 저런
어제 오늘 내일에

웅기 종기 얼굴 맞댐 속에 말 빛냄 잔치

그래
그래도

오늘만 같아라

긴 떡가래
하얀 떡 국물

색동옷 입혀 나이의 나눔을 다 지니시고
까치 까치 설날노래를 힘껏 부르자

기해년 설 명절 아침

그냥 혼자 한 사랑

보고파지기에
추억 하나들고 마중하니

그러니까
보고 싶어지네요

그리움이기에
한숨 뒤에 쉼표 하나 찍으니

그러하니까
그리운 노래가 되네요

떠오르는 얼굴을
내 안에서 그려보니

그러하니
잿빛 가득이 노을로 변하네요

생각하여 지기에
날려 보내지 않고

그리하려니 하니
아쉬운 생각만 생기네요

뜨겁고 더 차가운
빈 찻잔에 기억 담아내니

그래서 저래서
속앓이 타오름은
어쩌란 말입니까

조가비 익는 잔지름 비린 맛 같아

이러하니
혼자만의 사랑 찾아 바람타고
님 계신 곳에 가야 할 것 같습니다

봄 지게 한 짐

아직 언 땅 언저리에다
씨앗 한 가득 내려놓는 지게 짐에서 봄 냄새를 맡는다

차가운 북풍이 불어도
따스한 봄바람이 녹여줄 것을 알기에 부지런을 떤다

들풀 꽃가지들이
잔설 눈물이 흐르는 골짜기에
올챙이가 꼬리 자르기를 하면서 어른인 척한다

송사리들은 졸졸 물소리 리듬에 맞춰 술래잡기를 할 때

꽃샘 투정이 심술부려도
꽃나무 가지는 성급히 잎 싹트이기보다
꽃망울 터트리기 위해 바쁘게 숨을 고른다

누구보다 먼저
첫 경험

누구보다 우선
첫 체험을 자랑하려는 듯이

나비에게 첫 맛
벌들에게 첫 멋

꽃잎 옷 없이 벌거숭이로 유혹하고 자랑하려고 한다

나도
내 몸속 파고드는 봄바람으로 가슴 부풀려
같이 파고들어오는 감싸주고 껴안고 싶은 사람
맞이해야 하나보다

이런 저런 봄소식들을 같이 걷고 보고 말하고
언제나 내임이어야 할 사람을 만나야 하나보다

맑은 듯 흐리게 하는 미세먼지로 변덕스러운 날씨라도
내땅 나의 나라에 봄소식에 귀 기울인다

좋아합니다
내가 봄 날씨 같은 변덕쟁이가
살고 있는 곳을 말입니다

떠나는 임 보내는 사람

떠나는 임은
고체 액체 기체 삼원체이다
고체는 말뚝으로 마음에 박히고
액체는 시간의 계절로 흐름이 되어 흐르고
기체는 사랑 줍는 연인들 얘기로 승화된다

보내는 사람은
과거 현재 그리고 미래가 되었다

임이 떠나감으로 과거가 되고
내가 보냄으로 현실이 되었으며
우리는 이렇게 파랑빨강이 섞임 되어
보랏빛을 낳은 미래가 되었다

떠나는 임은
나를 생각 속에 묻고
내가 보내는 사람은
그님을 품는 희망이자 행복이다

허나 떠나는 임의 일깨움
나를 끌어낸 너는 누구냐

타향살이 한 해

하늘 땅 사람
하나 되어 가리키는
삼각형 사각형 육각형 동그라미는
길이 넓이 무게 부피 시간으로 호흡했다
겨울의 무게는 인내로 비움과 채움을
온 겨우살이의 하얀 침묵으로 차가운 세월을
채웠다

봄의 넓이는 꽃과 구름 변화의 승화를
산천초목의 크기로 달콤한 햇살 아름다움을
키웠다

여름의 길이는 노력의 젖음과 마름이
빨간 뜨거운 인내의 깊이로 태운 열정이
알아냈다

가을의 부피는 결실의 배려와 배품은
갈색 보라로 황홀과 울음 벌레 가슴앓이가
말했다

하늘 땅 사람
빗방울 하나
눈물 한 방울이 삶의 시간으로 사라진다 해도
왜 누가 무엇 언제 어디서 어떻게가
대변시켜주었다

멸시 속에 교만
불신 속에 감사
허망 속에 희망
실패 속에 성취
미움 속에 사랑

공동체로 변화 잉태되어 타향살이를
배우게 했다

생로병사 희로애락
뭇 타향 세상살이 한해 또 한해를

시계

시계가 만들어준 시간유산
시간의 시계창고에는 뻐꾸기가 산다
뻐꾸기 시간 알은 몰래 세상둥지에다 숨겨 품게 하여
부화시켜서 세상을 호령하는 총사령관 노릇을 하게 만든다
비록 남의 둥지에서 태어난 후엔
정직함을 원칙으로 존재하는 양심이 된다
새벽녘에 목청 높여 노래하는 장닭이 친구며
토끼와 거북이와는 같지 않다
사람들이 몸치장하고 외출할 때 동행하며 때로는
높은 종탑에서 세상구경을 하며 군중을 모았다
흩어지게 하고 모임을 총괄하여 신임을 받기도 한다
시간은 시시각각 숨쉬기할 때
빨리도 늦게도 하지 않는 심장의 표본이 된다
사람들의 삶을 다스리고 결정지으며
사람들의 운명 인생 생로병사와 희로애락을 좌우한다
대자연의 운동장에서 고추 먹고 맴맴 담배 먹고 호호
빙글빙글 돌며 시간을 만들며 먹는다
나와 내 애인에게도 시간 알을 시계 속에서
입술을 떼지 못하고 사랑의 나비춤을 함께 추며 웃게 한다
시간은 시계창고에서 살아있고 움직이며
행복과 불행을 창조하고 세상사 으뜸의 자리에서
존재하며 나를 오늘도 살게 한다

TV

나는오래된 흑백티브이다
검정화면에는지난나날의장면이지나가고
하얀백색화면에는흰머리카락이흔들린다
세상다리건널목에서휘청거려지는
내다리를부여잡으며엉거주춤하는늙은이를본다

눈은봄의푸르름을
코는여름하늘냄새를
귀는가을벌레소리를
입은겨울눈사람같이
잊고잃어만간다

어제오늘내일은
힘들고더힘들고
흐려졌다밝아졌다
흑백이좋고나쁨만
한탄하면서본다

티브이소리도커졌다작아졌다쉰목소리내며
울부짖는화면속에서세상살이올림픽태극기물결속에서
손벽치며행복해하는나를발견한다지금

소녀

파도 결은 일렁이고
바다 밑 속은 모른다

인도양 먼 여정의 이야기를

태풍도
단물 같은 빗줄기
단맛 같은 한 바람

눈꽃눈물 갓 소녀
아흔 나이 갓 소녀

나이 영근 소녀는 울분 지른다

자꾸 또 잊고 잊어야 하는데
내가 나를 모를 때까지
내 얼굴 거울에 비추지 말고
내 몸둥어리도 비추지 말고
내 목소리 울음도 듣지 말고

착한 사람 나쁜 남자 편 가르지 말고
천사의 손길이 짐 멍에를 덜어주리라 바라지 않고

어린 소녀는
갓 처녀로 고향에 가련다
죽어 원혼이라도 꼭 가련다

지금 있는 곳을 잊지 않기 위해
묻고 물어 외운
인도네시아 수마트라 스마랑 암바라와 막사에서
내 고향은 부모 형제 있는 대한민국입니다
한숨 목메임이 목 끝에 스미고 여민
그녀 23명의 이름은
일본군 성노예 소녀들들

인도네시아 스마랑 암바라와에서

소중한 얼굴

내 벗님은 소중한 사람입니다
지금 놓치면 어느 곳에서도
찾지 못할 것 같기 때문입니다
그래서 눈뜨면 먼저 떠올리는 얼굴입니다

온종일 얼굴 익혀 두려고
그 얼굴 잊지 않고
그리움에 움츠림이 더해지면
모습만이라도 꼭 잡아두렵니다

그러니
아침의 얼굴이 잊혀지지 않도록
보여주세요

물고기 아가미
닮은 인상 내 벗님의 소중한 얼굴을

* 인니말로 인상(insang)이란 단어는 물고기의 아가미라는 뜻입니다.

참살이

봄이 여름에게
겨울은 가을로 이야기하고
만물은 연인의 가락지처럼 마음을 잇는다

봄에 태어난 새싹은
여름 꽃말이 되어
가을의 열매로 봄날에 뿌린 씨를 추억한다
겨우살이 씨앗이 땅속에 숨긴
따뜻한 마음도
겨울을 헤는 마음으로
차가워도 시원하다고 하는 것은
봄에 받을 선물이기 때문이다

바다를 알지 못하는
우물 안 개구리는 하늘이 좁고
메뚜기 새 계절 모르듯
하루살이는 오늘만 살지

사람은 자신을
익어가는 세월이라 누가 알까

자연으로 돌아가자
세상사 꽃의 미소로 서로 사랑하는 거라고

봄 여름 가을 겨울
참살이
신이 주는 포근한 행복을 모르는
꼬리를 물듯
봄날은 간다

제2부

살다보니

공간 1

빗방울만큼
슬픔을 가지세요

미리네만큼
기쁨을 만드세요

갤럭시(galaxy)만큼
행복을 모으세요

비의 전설만큼
사랑을 이야기하세요

별 떨기 무리에서
끝과 머리를 채우세요

그리고
채움과 비움은 공간이
바탕입니다

사람이 얻고 싶은 것은
행복입니다

작고 큰 것들은 슬픔과
기쁨입니다
번뇌 애증이 변증한
사랑입니다

이것이
세상사에서 있고 없고를 잇는 삶의 공간이 아닐는지요

공간 2

빗방울만큼
사연을 가지세요

그냥 그렇게
젖고 적시어 떨려오도록

미리네만큼
기쁨을 만드세요

한갓지게 노래하며
띄엄 쉬엄 밤하늘 별빛에다
갤럭시(galaxy)만큼 행복을 모으세요

조금 모자라고 부족하면
그냥저냥 채워지면 채워지도록

비의 전설만큼
사랑을 이야기하세요

여울목 다리 물 흐름같이
올망졸망 모여 흘러 잊혀짐이라도

별 떨기 무리에서
끝과 머리를 채우세요

들어가 흠잡을 것도 없게
지나친 틈 여유가 없도록 빈터에

그래서
그러니까
채움과 비움은 공간이
바탕입니다

사람이 얻고 싶은 것은
행복입니다
작고 큰 것들은 슬픔과
기쁨입니다

번뇌애증이 평행함이
사랑입니다

이것이 세상사에서 있고 없고
채움과 모자람이 이어지는 삶의
업에의 보가 아닐는지요

7월 마지막

살아
살다 보니
시간이 흐르고
계절이 변하는 것을
월력에서 느껴봅니다

지구
허리춤에서
산다는 것이 뜨거움만 참으면 되는 줄 알았는데
시간 먹어 늙고 있는 것을 잊었습니다

내 몸도
봄 여름 가을 겨울을
느끼지 않으면 젊음도 이와 같이
늙음 없이 지내는 줄 알았습니다

사계절을 모른다고 하는 동안
비춰진 모습이 어찌 감추어지리요

마음은 늦고 늙음은 익어감이 빠른데
애써 부인한들 주름진 나이가 감춰지리

7월 마지막 주황 빛깔 해는
어김없이 서산마루에 걸려는데
무슨 말을 더 해야 되는지 몰라
창밖에 머리를 조아리며 끝맺음합니다

오늘의 기다림

오늘의 시작도
기다림과 양보로
하렵니다

기다림과 양보는
누구와 약속이 있어서가 아니라
마음의 소식을 전해올 것 같은 기대감에서입니다

정녕 찾아주는 이가 없다고 해도
다음번에는 하겠지 하는 양보의 마음이 있기 때문입니다

기다림의 빈자리를 비워두면
언젠가는 다가올 것 같은 기대감에서입니다

생각에만 젖어 여유로운 기다림을 말입니다

임의 마음
내 마음이
하나 되면
이루어지리라
믿기 때문입니다

기다리면서
배려하면서
기다림에서
배려에의 사랑이 맺어지기를 바라기 때문입니다

지금 나는
한 밤에 글을 씁니다.
벗님에게 보낼 글 쓰면서 서로가 서로의 마음이
무엇을 말하려 함을 말입니다

밤 늦게 마신
한 잔 술이
기분을 묘하게 만듭니다

벗님이여
임이 있어 행복합니다

생각의 갈증

그립다는 것은
생각의 갈증이 다네

바람이 안부를 띄워 심장을 두드릴 때
가슴은 아픔이 되어
눈물로 쏟아내는데 입술은
마음에서 영혼으로 함께한다네

우리네 집 뜰 밤꽃 향기는
풋소년의 냄새로
사과 과실은
첫 몽우리 수줍은
젖가슴이 되어
한 하늘 아래 속삭임으로
한 사람에게 글을 쓰게 한다네

그리고 그린
그리움이 사랑되어 벗님 곁에 맴돌게 한다네

나에게
고향이 준 갈증의 선물이라네

잃었군요

보낸
오늘은
많이 잃은 날이군요

시각이 시간을 먹어
빈자리를 남겨두는군요

하루는
더함을 원하지만
나의 삶은 공허한 빈 공간을 만들고
가슴은 시리도록
빈 골짜기에 머물러 방향을 잃었군요

오늘
하루 팔만 육천 사백일 날의 모음입니다

나는 오늘도 살았노라

나무람

좋은 날
고국에 간 날
흙 내음새

기쁜 일
가슴에의 마음
반겨주는 임
만나지 못한 벗님들

행여
서운한 마음일랑
접어주소서

항상 가슴 속에는
임이 살아 같이합니다

보지 못한
미안한 가슴
마음만은 가졌답니다
너무 나무라지 말아주오

바람 초대

오늘
오늘의 바람이 분다

매달리는 떨림이 글 마음 되어 임께 보낼 사연은
미안함에서 고마움을 만들어 바람에게 실어보낸다

후텁지근한 날씨
물 먹은 바람
바람바램으로 보내면서 으악새 억새가 노래한다

노랫소리는 아름으로 누리울 때 계절을 싣고 온
덥다는 뜨거움이 차가움되어 노랫말로 갈아입고
귀뚜라미 노래되어 알린다

애잔한 계절의 슬픔은 미안함을 간직하고
익혀진 빛 고운 단장을 준비한
가을하늘에 고추잠자리가 날아오르며
같이 날아 산 너머 마을로 가자고 한다

고희 맞이

나이를 먹는다는 것은
늙어짐만이 아니고 고마움입니다

조금 무뎌졌고 익혀졌음이며
조금 더 너그러워질 수 있으며
조금 더 기다릴 수 있는 살아있었음입니다

고희는 고통고난에의 작은 손바닥만한 행복에 속아 넘어
그것이 지나갈 것임을 알게 되었습니다

열심히 살았음에도 채워지지 못함은 욕심이었다고
문득문득 생각하게 됩니다
산다는 것이 꼭 행복을
내 곁에 두고 있어야 하는 것이
아니라는 것도 알게 되었습니다

기억 위로 세월이 덮이면
때로는 그것이 삶의 자취가 될 테지요
삶은 나에게 조금씩 깨우쳐줍니다
기억 위로 세월이 덮여서
이제는 두 아들이

두 며느리
그리고 두 손녀 두 손자
딸 없음을 채워 행복한 여생을 살아가는
고희를 맞이한 임이랍니다

정해년 삼월 목련꽃망울을 같이하면서

살다 보니

살다 보니
뜻하지 않게 아픔도 겪었습니다
건강한 것이 얼마나 고마움인지

살다 보니
생각지 못한 잘못도 하였습니다
반성하며 미안함을 가져야한다는 것을

살다 보니
미움 받는 일도 하게 되었습니다
잘난 척이 얼마나 교만한 것이지

마음 같지 않은 일들도 생겼습니다
어리석음이 얼마나 힘듦을 가져오는지

살다 보니
당신이 그리울 때가 있습니다
사람은 혼자 사는 것이 아니고 더불어 산다는 것을

놓쳐버린 일도 너무 많습니다
준비성 없는 생활이 게으름에서 온다는 것을

그렇게 여기까지 왔습니다
지나온 세월이 얼마나 빠르다는 것을

살다 보니
모든 게 고맙고 사랑스럽습니다
나의 신이 나를 엄청 사랑하신다는 것을

내 곁에 당신이 계셨습니다
의지하고 든든하다는 것이 무엇인지를

살다 보니
마침내 행복하였습니다
매사에 감사함으로 살아야 한다는 것을

오늘 아침도
힘차게 살아 갈 수 있어 행복하였네라

낚시질

밤새 준비한 꿰멘 망태기로
아침 허공에다 그물을 던진다

큰고래 갓 태어난 송사리 아니면
빛깔 예쁜 열대어 머리 큰 문어 그래 많이 걸려라

근데 불안하다

한 마리도 안 걸리면 어쩌지
그러면
시장에 가서 사오자

아주 큰 놈으로 그리고 허풍을 떨자

잡아 올릴 때 힘들고 아주 기분이 최고였다고
근데 믿어 줄까 거짓말이 탄로나지 않을까

불안하다
아니 즐겁다
속아만 준다면
진짜 잡혀준다면

그래서 아침 일찍 한껏
햇살 좋은 창공에 그물을 던진다

창공에 던진 그물이 바람소리를 일으킬 때
구름이 피식 웃는다
고기는 하늘에 있는 것이 아니고
초록빛깔 하아얀 산호초에서 살고 있다고

술

누군가 기다리며
오늘의 시작도 기다림과 양보로 하렵니다

기다림과 양보는 누구와 약속이 있어서가 아니라
마음의 소식을 전해올 것 같은 기대감에서입니다

정녕 찾아주는 이가 없다고 해도
다음번에는 하겠지 하는 기대의 마음이 있기 때문입니다
기다림의 빈자리를 비워두면
언젠가는 다가올 것 같은 기대감에서입니다
생각에만 젖어 여유로운 기다림을 말입니다

임의 마음 내 마음이
하나 되면 이루어지리라 믿기 때문입니다

기다리면서
배려하면서
기다림 속에
배려에의 사랑이 맺어지기를 바라기 때문입니다

세상살이

아침 첫 마음이 여행길 떠난다

신발 끈을 맨다
첫발을 디딘다
여행 걸음이다

내가 가는 길은 나귀와 아버지
그리고 아들이 가는 장터이다

아비 먼저
아들 먼저
사람들이 끼득끼득 배꼽을 움켜잡는다

당나귀가 실은 수레 짐에는
소금 짐 솜이불 짐 뭉치이다

지고 걷는 걸음걸음 자국은
작은 행복과 큰 괴로움이다

여행 여행길의 출발은 가슴의 떨림이 아니고
다리가 떨릴 수도 있다

가슴이 떨려오는 것은 한 기쁨의 두려움이다

내가 메고 진 여행 짐은 세상살이의 고통됨을
내려놓고 버릴 욕심 짐 가지고 갈 희망 짐이다

목마름 배고픔 그리고 추위 더위에서 벗어나
포근한 잠을 잘 수 있는 짐을 지고 갈 무게이다

가는 목적과 방향을 잃는다면
그것은 여행이 아닌 방황이다

진정한 여행을 위하여
오늘도 신발 끈을 맨다

내 벗님이여
임은 어디로
떠날 준비는

황금빛 찬란한 곳은 어디인가

아침 1

잠 틈새에서도
온통 차지한 그대가 그리움 되어 날 깨운 아침입니다

날 깨운 그대는
내 하루의 마중물이 되는 만남입니다

만날 수 있다는 생각만 해도
내 행복이 기쁨으로 차는데
어제 오늘 내일보다 오늘 하루는
온통 그대만을 들여놓아야겠습니다

나보다 그대가 축복의 마음으로
가득 채워지면 좋겠습니다

눈부신 아침햇살이 주는 아름다운 은총이
가득히 채워지길 말입니다

사랑합니다 내 임이여
그리고 오늘만큼은
마음의 짐일랑 내려놓는 하루가 되시옵소서

아침 2

숨소리가
밤새 만들어 놓은
이 아침을
해님 속살로 몸매를 다듬질하고
뽀송 뽀실하게 새 아침을 연다

은하수는 별님 손길로 빚어낸
음악이 흐르는 나팔꽃의 꿈이 되고
계수나무 토끼는 달님 향기의
달콤한 행복 이슬로 맛볼 참이슬이 된다

술 취한 여정의 길이 되어도
무릇 익어져 가는 나날이
눈빛 하나로 마음이 통하여
마주해 주는 임이 있어 행복하다
마주한다는 것이
반가운 마음 갈피에 끼워있는 풀잎에서
곰답다
감사에 두 손 모음은
진정한 하루의 삶을 알기에 해바라기 넋두리를 닮는다

제3부

어미여 내 어미여

바람은 옷고름처럼

하늘은 초월과 거룩함의 영역이 될 때
사람은 현세의 자리에서 땅과 하늘
가치 사이를 방황하고 생각에 잠기며
사람의 생명력을 만들고 숨쉬기를 이어놓는다

세상의 현세적 가치와 초월적 가치
그리고 삶의 살이 방향 가치 속에 길게 짧게 살게 한다

사랑의 마음 미움의 마음을 실은 샛바람
배려의 마음 거짓의 마음은 마파람
맺음의 마음 과욕의 마음이 하늬바람

하늘 땅 틈새에 사람은
높새바람에게서 용서와 사랑을 배운다

새벽 어둠과 밝음 바람 속에서 만난
그믐달과 초승달에게서 비움과 채움을 배우듯이

바람 구름 하늘 땅 그리고 해와 달은 사람의 신이 될 때
바람이 만든 틈새에서
여미어 매고 남는 스며듦은 옷고름이 된다

편지

하나 (사뚜 Satu)

해맑은 창공 속에
총각머리 갈대와 새털 억새가
홀바람이라도 불면 나약함과 강함을 알리려
멀리 떠나려고 채비를 하고 있겠지요
우리네 고향에는

가을 들녘과 뫼에는
붉은 단풍과 노란 낙엽은
바람 흩어짐에 향수의 향과 수연함을 알리려
깊은 사연 준비를 서두르고 있겠지요
우리네 산천에는

둘 (두아 Dua)

계절 편에 안부를 보내며
한 마음 떠오르는 임이 있기에
아름다운 향기로 시들지 않는
서리 맞은 들꽃과 같은 임이 있기에 행복합니다

곱게 물든 한 잎 두 잎
낙엽 빌려서라도
아름다운 임이여

가을 내음 속으로
낙엽 숲을 지나 풀벌레 울음이
배경 음악이 되어 깊어가는
가을밤에 한 움큼의 부끄러운 쌓인
정담이라도 나누고 싶은 임을
생각하면서 몇 줄 글 전합니다
여울목 같은 9월입니다

환절기에
건강 잘 챙기며 한가위 맞이에
바쁜 나날이라 생각합니다
요즈음은

가을에 나른다

오몽조몽 말을 한다
사람들이

여자와 남자가 인연되어 만나다 보면 사랑놀이도 한다고
행복을 느꼈다면 그게 사랑의 기쁨이라고

생각과 마음이 부딪혀 엮다 보면 괴로움도 있는 거라고
괴로움에 울었다면 그게 사랑싸움이라고

만나고 헤어지고 그래서 그런 것이 남녀의 사랑입니다

하지만 영원한 만남은 없어요
만남은 헤어짐을 전제로 하거든요
때문에 사랑은
만남과 헤어짐에 마음의 무늬 되어 우는
첫사랑이란 것입니다

그리고
계절 계절에 마음을 열고 닫고 하며
계절을 닮는 것이랍니다

에너지

횃불은 멀리 보냄 빛이다
촛불은 환히 밝힘 빛이다
장작불은 음식 익힘 열 빛
연탄불은 애환 어린 열 빛
담뱃불은 애환 태움 불 빛
화롯불은 사람살이 열 빛
환한 밝은 빛
뜨거운 불꽃 열

손에 손 잡고 든 횃불이
물결 흔듦의 소리는 열과 빛의 힘이자
온 나라에 알리는 불꽃은 한국인의 넋혼얼이다

세상이 시간에 익힘을 당한다

아이는 시간을 먹고 자랄 때
어른은 시간에 몸을 익히고
늙은이는 시간에서 삭히어 익어간다.

시간이 사람들의 희로애락의
마음의 상처를 어루만져 의사가 되어
시계 안에서 시간을 꺼내어 추억의 장을 엮어낸다

그리고
산천초목 만물을 살리고 죽이는 능력이
세상의 만물을 다스리며 창조하고 잉태하며 살아가는
초능력의 요술사가 된다

맞이하고
보내기하며 나뭇가지가 타며 뿜어내는 냄새에서
차 향기 익히는 여유로운 시간을 찾아 세상을 익혀낸다

찬맹물이

커피 향기를 슬프게도
행복한 노래로도 만드는 재주가 있다

촉촉한 애정어린 감성으로 모자라지 않을 만큼
오늘을 살기에 부족함이 없으시길

알찬 하루 지내세요

태워지는 낙엽

뿜어나는 낙엽 연기가
홀로 눈물되어 우리를 슬프게 하는 계절이다
떨어졌기에 낙엽 되었고 바람에 날려 태워지기에
어릴 때 짝사랑한 첫사랑이 다시 보고 싶어진다
그래서
아마 사람들은 가을은 슬픈 계절이라고 하나 보다

엄마의 노래

엄마야
내 엄마야

아들아
내 강아지야

네가 있고 내가있어
고맙고 고맙다

너의 얼굴
너의 아비
어찌 그리 닮고 닮았느냐

어미여 내 어미여
오래 오래 살아계셔
고맙고 감사합니다

흔들흔들
흔들 그네야
우리 어미 등 밀어
내 어릴 때 등 밀어

잠들던 어미 잔등
행복의 보금자리이어라

어미여
내 엄마야
나의 자랑 어머니

백수 만수
오늘 모습 영원히 간직하리오

어미여
내 어미여

아비야
나의아비야

새 생명주어
부모 인연 맺혀
고맙고 고맙습니다

아들아
내 강아지야

네가 있고 내가있어
고맙고 고맙다

너의 얼굴
너의 모습
누굴 닮고 닮았느냐

이백칠십 여일
참고 참아 기다리겠다

행복의 보금자리 마련
준비하고 기다리겠다

후회 없는
부끄럼 없는
건강한세상에서
너를 맞이하겠다

나뭇잎

쳐다보며 허무하다 했더니
계절은 가을이 되어 있네

나의 마음에
임의 모습을 더하여
마음 띄워 보낼 때 붉게 물든 단풍 한 잎
갈바람이 구름에 실어 보내오네

임이 전한 가을은 날아가는 철새에게
노란 손수건을 흔들어 주었다 하네

홀로 다시 멍하니 밤하늘을 쳐다보니

임은 멀리 있고 단풍잎만이 벗님 모습이 되어
북극성을 쳐다보며 나도 기러기 울음소리를 내게 하네

붉은 잎 노란 잎

눈에 비추기에 꽃잎인지 알았더니
단풍잎이 낙엽되어 마음에 파고들어 쌓이네

많고 많아 던 나뭇잎 다시 쳐다보니
벗겨 벗겨진 알몸을 부끄럼 없이 살바람에 떨며 소리내네

어린 새싹 떡잎 만들어 햇살 비구름 도움 받아
살찐 모습 보였으나 한 잎 두 잎 채색 되어 모양내고는
떨어져 가 버리고 있네

온 세상을 푸르게 품던 잎사귀의 꿈은
이제는 생기 잃어 메마름에 쓸쓸히 떨어지지만
울창한 숲속에서 친구들에게 놀이터를 만들어
새들과 하모니의 노래 소리내고 아름다운 숲밭에서
같이 살았다고 작은 소리로 말해 주고 자랑하네

나도 어미 치마폭에서 떠난 지 어언 이만 오천 날 나날
하나 둘 백 숫자 놀이에 젖어있네

허약됨 없이
부끄럼 없이

흰 꽃가지

민 나뭇가지가 햇살로 세수하니
하아얀 꽃잎이 살포시 웃는다

한 계절이 담은 내력
아직 두 장의 달력에 남은 날짜가 있고
살 수 있는 나날이 있는데 찬바람에 감사해야 하나 보다

그래도
계절을 그릴 수 있기에 마음에 들여놓고
풍경에서 가을 끝자락의 얘기를 전하니
산 계곡 호수 들녘에서는 떨어지지 못한 단풍이
남아있는 이파리로 화환을 만들어 놓으니
바람이 청소부 노릇을 한다

삶의 지게 짐을 짊어진 사람들이
걸음걸이에 힘을 더 하며 빠른 걸음으로
낙엽을 밟으며 날리는 낙엽의 뒤를 쫓아간다

고향산천에서는 하아얀 바람이 흰 꽃 되었다고
벗님들이 소식 전해온다
땅에의 노여움이 마음 상하게 하네요

여행은 떠남인가

일상에서의 일탈일까
일탈에서의 일상이란 말인가

기차 창가에 얼굴을 묻고
온 몸이 일탈이라고 하련다

낯선 곳이 주는
즐겁고 행복한 여행이란 말을 찾아야 한다

길 끝 산기슭 바다와 하늘이 알려준다

아름다운 사랑
아니면 새로운 만남들에게 친숙한 미소로
행복한 주름살 숫자는
반려자를 찾아 발길을 다시 내디딘다

세상의 모듬을 한마음에 하나로 덮는다

제4부

봄날을 만나다

손깍지에다 입김을 호호 넣는다

입가에는 하아얀 고드름을 만들어
눈빛을 눈밭에 불어넣는다
눈밭 속
새싹이 깜짝 놀라며 하품을 하며 날짜를 계산할 때
어름장
산천어는 옹기종기 몰려와 서로 차가운 사랑을 한다
아직은
보내지도 못한 추운 겨울은
버들가지 솜씨 하나 날아와 봄볕을 기다린다

음지에서는 매화가 피식 혼자 웃는다
봄물이 오르기 전에 내린 들녘을 가슴에 그려 보란다
그리고
기차 창가에 어리어 흐르는 눈물을 지우며
봄을 기다리라고

가까워지는 봄날

창가 햇살이 뭇사람과 내 벗님 사이에 파고들며
잘 잤냐는 빛 춤이
오늘의 생명력의 힘이 되려나 보다

한 움큼 숨소리가
하루아침이라는 원동력의 삶이 되고
마음이 편하고 즐거운 하루가 되라는
바람소리의 말 한마디가 행운의 숨터가 되고
나뭇잎 새순이 새 혀 되어 손 흔들며
맛있는 개구리 반찬을 먹었느냐는 한마디에
행복한 미소가 피어나고
뜨거운 커피 한잔 놓고 내 임 얼굴 그릴 때
잊혔던 얼굴이 몰렸던 피곤은 도망가게 한다

내 귓전에 들리는 봄 소리 노래 한곡은
즐겁고 추억의 장터가 되고

마음에 그려지던 생각은 만남의 꿈을 볼 수 있고
별꼬리 길어지는 자취에서 잘 자라는
임의 좋은 꿈을 꿔서 다가갈 수 있는 꿈나라가 되어진다

보고픈 그리움이 바람이 쉬고 내가 쉬는
살아갈 봄밭의 포근한 소박한 위안의 하루가 되고 지고
이즈음
나의 고향에는 눈 녹은 눈물이 봄비 되어
새록 가슴으로 스미고 여미어 들어
나의 마음은 내 벗님들을 찾아가게 한다

봄날을 만나다

겨울
계절을 보냅니다

다시 또
우리가 해야 할 말은 추운 꽃샘추위가 떠났다고
그 말을 들을 때 정말 감격하여
추위를 이기고 따뜻한 봄볕을 받게 될 테니까요

하루하루
살면서 감사함을 느끼면
정말 따사롭고 푸근해 지는 것입니다

고마움으로 감사가 행복이라는 것을 받게 될 테니까요

산천초목 만물을 껴안읍시다
세상만사가 다
아름답다는 것을
그 말을 들을 때 정말 따사롭고 환하게 넓음을 보게 되며
그리고 우리 모두도 아름다워지게 될 테니까요

벗이 있고
내가 있기에 사랑해요 라는 말을 해봅시다
그 말을 들을 때 정말 사랑이 깊어질 테니까요
그러므로 사랑을 정말하게 될 테니까요

고맙고
아름답고
기쁨 가득 넘치는
사랑을 말입니다

사랑하기에
행복합니다

그리고 많이
보고 싶습니다

봄날을 만나다

3월 지나 4월

산
풀 나무
물
송사리
바다
돌고래
하늘
종달새

수컷이 산다
암컷도 산다

새 소리
물 소리
바람 소리
맹꽁이 울음

내 귀 열린다
내 바닥을 터트린다

물먹은 구름하늘

새록초록 갓 들판
병아리가 물 한 모금 먹을 때

봄 햇살과 친한 척 자티나무* 아래서
봄 마차를 기다린다

* 자티나무 : 열대나무 티크 오동나무 일종

5월

꽃이 좋아 만남을 그리며 어디서 이정표를 찾을지
꽃님을 만나고 볼 수 있는 향내 품고 싱그러운 숨소리를
계절을 바라보며
내 살아있는 숨소리는 숨쉼을 찾는다

살아있다는 것을 계절에 묻지 않고
나는 지금 아름다운 꽃 잔치 계절을
누가 불러주지도 않은 곳에 초대를 받았다

초여름 태양의 뜨거움으로 영글어내는
예쁘고 이쁘고 아름다움의 참모습 펼쳐지리라

아카시아 향기로 장미를 익혀낼 때
들판 빨주노초파남보라 프리즘을 깨워
엄마 아빠 손주가 손을 꼭 잡고 나들이 나서리라

걷고 보고 먹고 느끼고 예쁜 꿈을 잉태하리라
꽃 자랑의 5월 맞이
어떤 사연 무슨 별명 무엇이 필요하겠소
그저 그냥 살아지고 있는 것을

새 가슴

이리도
바꾸지 않을 것 같던 계절
그리도
가지 않을 것 같았던 시대

하늘이 준 계획된 시기 변화가 오늘을 만든다

웃던 날 화내던 날 세월을 창조하고
기쁜 날 슬픈 날이 우리를 엮었지만
참고 견디면 기다림이 희망이 된다고

오늘의 사실이 역사로 되삭임 공간 속에 옛 얘기가 된다
하여도

세상아
세월아

새로운 새 마음
새로운 새 비상

나도 알고
너도 안다

봄바람이 생전 얼어붙은 땅에서
화합의 씨앗을 발아 싹 트임 함을

어릴 적 삼팔선놀이가
이제는 손에 손잡고 거니는 산책로가 된다는 것을
우리들의 운명공동체 통일된 조국을 위하여
두 손 모아 기원한 새 가슴 날이 되어야 한다는 것을

봄볕 닮은 사람

봄 냄새를 맡는다
임에게서

차가운 북풍이 불어도 따스한 봄바람으로 기다려지는
봄바람 같은 사람

먼 곳 떨어져 있으면서도 살포시 스미어
마음을 따스하게 만드는 사람

꽃샘 심술같이 투정을 부려도 밉지 않고
자꾸만 가까이 있고 싶은 사람

내 몸속 파고드는 봄바람같이
자꾸만 파고들어도 감싸주고 껴안고 싶은 사람

볕살이 땅속 깊이 쪼여
새싹을 싱그럽게 돋게 하는 쑥나물 같은 사람

들판 산기슭 온통 각색으로 뒤덮어 밖으로 불러내어
봄바람 나게 하여 마음을 들뜨게 하는 사람

개나리 진달래 붉게 물들일 때 목련 꽃망울처럼
나를 찾고 있을 보고 싶은 사람

이런 저런 봄소식들을 걷고 보고 말 전해주는
온통 향기 먹은 솔방울같이 생긴 싱그러운 사람

너무나 따뜻하기에
너무나 예쁘기에
너무나 사랑하기에

언제나
내 임이어야 할 사람
이 사람이
봄날 같은 바로 나의 벗님입니다

내가 좋아합니다
많이 사랑합니다

춥고 덥고
비바람 같고
변덕스러운 고국
봄 날씨 같은 사람을 말입니다
사랑합니다
내가 봄 날씨 같은 변덕쟁이 임을 많이

비는 마음인가 쉼의 쉼터인가

비는 멋과 맛을 채워
페이지를 채워줌인가
비는 서로의 보듬에의 차고 넘침의 항아리 빗물이다

비는 섧디 서러운 임 눈물이 되고
밤에는 달님별이 내려와 숨박꼭질

서로의 부족한
사랑을 채우게
하는 묘약이다

봄비 새싹의 기쁨
여름 장마 청개구리 서름
가을비 떨어지는 나뭇잎의
겨울비 눈보라 매서움

떠남 2

길 떠남은
떨림의 마음인가
낯섦의 쉼터인가

떠나감은
가는 곳 찾는 멋과 맛 보듬고 차고 넘침의
마음 항아리 속 채움과 퍼냄이 된다

한발걸음 내디딤이
구름 장막무대를 꾸미고
햇님 달별님은 숨은 사연에
서러운 세상살이 흔적인가 보다

사방팔방 원시 초점 불씨 모아 넋두리 알림이
바람 흐름이 알려줌은 마음 줍기를 찾아
내 마음고리를 잇는 발자취여라

오늘도
해 저무는 노을이 해돋이 새 여명에
다시 순수한 외로움 찾아 떠나가라고 한다

수 천리 하늘 길

갈 곳 찾아 나는 철새처럼
날아가다 사라지는 나날을 채우려
인니로 돌아왔다

뜨거운 햇볕 맛을 뒤로 하고
다른 따가운 태양 맛이 있는
짙은 초록 빛깔
손으로 어루만지고 폭신한 둥글 곳을 찾았으나
실뭉치 엉킨 단단함을 가지고 왔다

감촉이 매끄럽고 해맑은 맛을 얻지도
허나 한 번의 반김으로 위안을 받으며
달님에게도 가고 별님의 속삭임으로 내일을 기약했다

내가 찾은 고향

내 고향은 사과나무가 많은 작은 읍입니다
뜨거운 햇볕 맛보고
다른 따가운 태양 맛이 있어
짙은 초록빛깔
손으로 어루만질 수 있는 폭신한 능금이 있는 곳입니다

감촉이 매끄럽고 해맑은 맛을 얻고
한 번의 반김으로 위안을 받으며
달님에게도 가고 별님의 속삭임을
부엉이에게 같이 내일을 다시 올 것을 기약했습니다

그런 곳이기에
수 천리 하늘 길
갈 곳 찾아 나는 철새처럼 날아가다 사라지는
나날이 채워지는 곳이 바로 내 고향입니다

그러나
떠나온 곳에 실뭉치 엉킨 단단함만을 가지고
철새 둥지로 날아 돌아왔습니다

7월 지나 8월

산 숲나무
강물
모래사장
바다
해수욕장
하늘
소낙비 구름
햇볕이 작열한다
그늘집을 찾는다

새 소리
물 소리
바람 소리
소낙비 소리
내 귀 열린다
내 바닥을 터트린다
물먹은 구름 하늘 메말라 갈증이 가른다

빗방울 물 한 모금 먹을 때
하늘 땅덩어리
산바람과 친한 척 느티나무 그늘에서 계절을 기다린다

이보시게

바람님아 이보시게
몰아 부는 숨 잠시 멈추고
나 한번 보아 주게나

구름같이 부지런히 떠돌며
걷고 보고 듣고 쉼터 없이 끝없이 한없이 일한
내 모습 가엾지도 않은가

때로는 몹쓸 짓도 아니 착한 일을 하겠다고
신께 맹세하며
하늘을 보지 않는가

바람아
그렇게 몰아치지만 말고
한 숨 두 숨 같이 쉬며 사라져가는
세월 멀어져 가고 세상사 한탄을 거두어 주려므나

그래
바람은 늘 제자리인데
내가 불어대고 있었구나

바람이 저만치서
되돌아보며 내게 한마디 한다

남 탓하지 말고
내 탓인 줄 알라고

남이 더 많이 못 되게 하는 것이 아니라
내 맘에 있는 바람이 나를 흔들고 있다는 것을
해질 녘 노을에 색칠하던 구름이
주황이 잿빛으로 변하며 바람에게 고맙다고 한다

잘 가
사랑한다

바람아
세월아

한 폭의 구름 속에 그린 그림이 내 마음속 바람이라고

한겨울에 서서

한겨울은
더움을 알게 하는 계절이다

토끼는 포근한 함박눈에서 뛰논다

한겨울은
하나의 한 계절의 하나다

멈춤의 잠듦에서 새싹들이 땅속
공장에서 일을 한다

한이란 크고 차갑고
하나됨의 의미에서

차가움에 포근함
멈춤 속에 생동감
사계절의 준비 점

그래서
한겨울은 큰 세상을 검정과 흰 빛으로 담아
자연 살이 환원을 되새김한다

사람들은 얼음덩어리에 누워 앙탈한다

차갑고 춥다고
한겨울이

24계절 마지막 계절 대한(1.20.)이다
추운 맛을 주려나

제5부

인도네시아랍니다

빈 찻잔

빈 찻잔에
찻물은 아침 이슬로 방울방울 모아 담고
가을 햇살 볕으로 쪼여 덥히고
붉은 단풍으로 물들여 빛깔내고
차향은 들국화로 돋우고
한 잔의 차를 구름 사탕으로 꿀맛 내어
산들바람에 실어 보냅니다

나를 그리고 있을 벗님에게
내 속 마음에 품고 간직한 것이 있다고

내가
임을 아직 잊지 않고 있다고
부디
가을비 맞지 말고
슬픈 마음일랑 간직하지 마소서

되돌림 타향

떠나 보내는 마음 떠나가려는 마음
어느 마음이 더 애틋할까

내 모습
네 모습
서로 서로 바라본 나눔 정 남김 정 그림자

고운 그리움
아쉬움 추억 둥글어 짐이 삭기 전에 약속하렴
어둠 씻어 내고 좀 더 환해지기를

가배 중추 한가위 살찐 달이 모습 다하기 전에
고향 까치밥 가지에 걸어
다시 찾음을 기도하고 다짐하고 떠나오렴

둥글게 손깍지하고
둥글게 두 손 모으고

옛 정 어린
귀향 땅에게 감사드리렴

갈비가 속삭인다

가을이 오는 길목
여름이 가는 건널목

세상살이의 길목
사람살이의 건널목

시간이 준 계절은
건널목의 징검다리에서 서성이며 기다리고 있다

날씨는 아침저녁으로 능청을 떤다
계절이 아직 바꾸지 않은 척

어제 내린 비는 눈물을 흐리면서
계절이 다 함을 알려주는데
파란 하늘에서는 흰 구름이 바람을 타고 여행을 떠난다

누렇게 익은 호박이 벌렁 누워 일광욕을 즐기자
들판의 곡식이 갈색 노란 빨간 옷으로 갈아 입고
고개 숙여 흙 묻은 농부의 손길을 맞이한다

산마을 자락에 빨간 사과도 얼굴을 붉히며 수줍어하고

가시 속에 숨었던 알밤
그리고 홍시도 잎사귀들을 털어내고
까치밥 되기를 거부치 않으며 자기를 내놓는다

어느 하나 아낌없이 숨김없이 내놓는다

사람들은 자연이 준 선물에 하늘을 쳐다보며
조상님께 감사기도를 한다

가을맞이 남자

마음 한 칸을 비우게 하는 가을비는
들 산 녘에 가을 색깔을 갈잎으로 물들여
가을 색깔을 그려내는 들녘 풍경을 그린다

참새를 머리에 이고 있는 두 팔 벌린 허수아비
고름 주름 다문 입가로 맑은 하늘보다
찌푸린 비 먹음을 한 젖음과 마름에서 느낌 읽으며
곧잘 담 넘어 창가에 물든 들녘을 내다보곤 한다

문창호지 구멍에
메꾸어 채우지 못한 틈새로 매달려 부는 바람이
눈물 글썽이는 지난 나날들을 매달고 뚫린 잎파랑이는
낮에 뜬 달과 나무들과 할랑 졸랑 한 움큼 바람이
코스모스와 춤사위 웃음을 같이한다
바람과 구름이 만들어 내 준대로
밤 홀로 글 읽는 물고기 가을 풍경 속 여인은
눈을 감지 않고 턱을 받치곤 한다

모습 추슬러
한 가지 단 하나

창문 열림 쇠로 가슴앓이도 익혀
주황 까치밥 홍시에 잠금 하는 나머지 사랑을
담금질하는 벗님이란 것을 안다

시간이 준 여린 가을 마음을

천고마비

지나 지나보니
시간이 흐르고
계절이 변하는 것을
마음으로 계절을 느껴봅니다

하늘 구름 바람이 알려주는 곳을 쳐다보니
그곳에는 덩그러니 혼자 남아
뜨거움만 참으면 되는 줄 알았는데
더위 먹고 익어 간다는 것을 잊고 있었습니다

꽃 과일이 피어 영글어
꿀맛 열매만 먹으며 즐기면
늙음 없이 지내는 줄만 알았습니다

또 적도에서 사계절을 모른다고 하는 동안
비춰진 세상은 변하지 않는 줄 알았습니다

허나 내 그림자 속에서 마음이 늙어
삭 익어감이 빠른데 애써 부인한들
주름진 나이가 겹겹이 감춰지지 않음을 찾아냅니다

이 아침도
창살에 찾아온 햇살은 눈을 부시게 하는데
무슨 말을 더해야 되는지 몰라
창밖에 머리를 조아리고 천고마비 하늘에서
내 벗님 얼굴을 그립니다

높디높은 고국 가을하늘 생각하면서

가을 무대

들녘 바탕에는 코스모스로 깔아 놓고
손님맞이 꽃가루는 단풍 낙엽으로 뿌리고
보초병은 총각 갈대 의장대는 황금 억새로 세우자

음악은 귀뚜라미 소리로 초대받은 손님들은
파란 하늘 강 구름 배를 타고 오게 하자

구경꾼은 겨우살이에 바쁜 다람쥐 너구리 사슴
그리고 여우도 참가시키자

사람들은
낮에 밤송이 홍시 감을 밤에는 긴장대로
별을 딸 줄 아는 사람들도 오게 하자

가을 무대가 붉고 노란 갈색 빛으로 준비를 마치고
날짜를 헤아린다

한겨울 한여름

춥다 덥다
하얀 파란
앙상함 풍성함

봄날 여름 풍경
가을 겨울 풍경
한 개의 땅덩어리이건만
위아래의 차이
북반구 대한민국 적도 인도네시아
시간 차이
거리 차이
오감을 달리하다

몇 시간 전후의 내가 가지는 나의 신의 은총이다
감사하는 두 손
마음 한 마음
한 세상살이를 묻고 오다
한국에서 인니로 오다
한겨울에서 한여름날

인도네시아랍니다

산속의 자티나무
바다의 열대고기
하늘의 별달햇님
화산불이 빚어낸
내가 사는 곳이랍니다

바다 정화나무
Mange Love가 지구의 숨을 고르게 하는 나무
뭇 나무들이 정글되어 숲속에는 수줍어 숨어 사는
오랑우탄 앵무새 코모도가 웃음꽃이 피는
용의 마을이랍니다
탐험가 정복자 순례자 장사꾼들의 뱃길 되어
초대한 만 칠천 여 크고 작은 섬 섬들이 있는 곳이랍니다

두리안 향기 속에서 루왁 고양이가 커피를 먹고 놀 때
바다에는 거북이와 성게가 같이 산호 사이를 헤엄쳐
뛰어 거니는 보물창고 놀이터랍니다

여명 빛이 준 맺음의 마을
노을빛이 주는 만남은 인도양 별빛 물결에
달배 띄우고 태양 자외선으로 뜨겁게 달구어

낮 밝히고 알꽁달꽁 모여 이룬
세상살이 삶의 쉼터랍니다

하얀 마음
검은 피부
파랑 색깔
노랑 얼굴
빨간 태양이

모두 존재하는 세상
살고 지고 하는 삼백 오십 종족의
씨족이 모여 있는 대가족이랍니다

마스짓 아잔 기도 속에
자와 여신이 살고 알라의 열정이 파고들어
익히고 있는 내가 숨쉬고 있는 열도랍니다
하갈
이스마엘 자손이 큰 숨을 몰아쉬는 군도

그 이름
해맑음이 있는 느리지만 게으르지 않은
인도네시아이랍니다
얼어 죽는 일
굶어 죽일 일 없는 나라랍니다

동생이 간다 멀리

떠나간 영혼
보내는 마음
단풍이
고운 낙엽 지는 11월
내 사랑하는 동생이
부모님에게서
탯줄 끊고 태어나 나뭇잎이 탯줄 끊듯
저 세상으로 갔다
가족으로부터
세상의 인연을 끊고 갔다
우리에게 아쉬움 남기고 단풍 고운 가을에
우리는 아직 보낼 준비가 다 되지 않았는데
박경순 여사에게 혜은 상은 동훈
인연의 연을 남기고 갔다
광주 이 씨의 장손인 큰형보다
승훈 정훈에게 정을 다 하지 못하고 떠나갔다
그리고
여동생 인자 인순이도 멀리하고 떠났다
이제
그 영혼의 바람은 인간 삶의 끝맺음하는 날
웃는 얼굴로 살다 다시 만남이리라

남아있는 우리는
어제 오늘 지나옴보다 새로운 내일이
더 뜻있고 알찬 나날이 되어야 하리라
보냄에의 아쉬움은 영원히 남겠지만
서로의 가족애로 떠나간 영혼의 뜻에 따르리라
내가
네가
보고 싶다고 입언저리 눈가에서 맴돌면
내가
네 곁으로 가는 날까지 기리이다

광주 이씨 장손 큰형 이인상이가

지고 피는 꽃

동녘 해는 빠르게 석양 해는 게으름
시곗바늘은 빠르고 늦지도 않으려고 계절 줄을 지킨다

고개 떨군 백일홍이 품고 남긴 꽃가루와 꿀을
나비와 벌에게 추슬러 주며 마지막 입맞춤을 할 때
이름 없는 들꽃들은 자리싸움 한다

음습한 무명지서
비바람 수고로움 절대적 섭리에서
들꽃이 지고 피고 척박한 곳 탓 없이
본능이 무엇인지 보여주려나 보다

이름 없이 숨어 피는 들 풀꽃 한 포기
당당히 한 존재를 보인다
밉고 곱고 지고 피는 꽃의 생명줄을 보았나요, 당신은

가을
가을
진짜 가을이 되었단다
내 고국은

제6부

시간 유산

가을은 참 좋고 예쁘다

가을이 말한다
여름에 입고 있던 때 묻은 먼지 옷들을 버리라 한다
버리기 아까우면 염색하던가 바람 세탁하라 한다
뜨겁고 덥게 내려쪼여 달군 불볕은
가을 빗물로 식히고 깨끗이 목욕시켜
적황 초컬릿 옷을 입힌다
여름내 만들어 낸 오곡백화를 거두어드리라지만
여름이 영글어낸 것들이
바람에 담구고 창고 속으로 잠겨진다
그러나 떨쳐낸 단풍 낙엽은 쫒아내는 바람에게 반항하며
안 떠나려고 자기 집 근처에서 뱅뱅 맴돈다

가을이 자랑한다
개미와 베짱이의 근면함과 게으름놀이 얘기를
자랑스럽게 말하여 다툼질할 때
매미는 아직 못다 한 울음을 터트린다
여름이 못 다한 세상을 바꾸어 놓는 재주가 있단다
여름 꽃보다 아름다운 들녘에 우주를 여행하는
코스모스와 생각하는 갈대 으악새의 부딪침이
기러기 가는 길에 배웅 노래를 불러준다 한다

들녘 저녁노을이 하루 일을 끝내며
서산에 걸린 태양에게 감사하는 모습이
황록 색칠로 풍경화로 나타낼 때
영근 과일들도 정물화 그림으로 그려내고 있다

가을은 참 좋다
새봄에 보고
여름에 듣고
가을에 먹고 걸으며 여유롭게 여행하고
겨울이 되면 말하며 예쁨을 쓸 수 있어 참 좋다

가을 이야기

바람 소리가
전해 주는 가을 이야기
다람쥐 양 볼 속 도토리는
적홍황록 빛깔 나뭇잎께
발길 눈길 산길 마음길이
소리 없는 가을 이야기로
고국 떠나 향수에 젖은 나그네 아닌 이방인
나의 마음 너희 마음들이
우리를 글쟁이로 만들어
가을 이야기를 이야기하게 하나봅니다

십오야(十五夜)

빈 땅 하늘
두려움 없이
커지는 초승달
비겁함 없는 복스러운 보름달

사람 사람들이 계수나무에서 방아 찧는
두 마리 토끼를 찾는다

별 하나 꽁
나 하나 꿍
별 둘 꽁 꿍
나 둘 꿍 꽁

슬픔과 행복한 사람들이
하늘에다 마음을 묻는다

차가운 북쪽
따가운 남쪽
해돋이 동쪽
달맞이 서쪽에서
십오야를 쳐다본다

고향 향해 고개를 떨구고
내가 아는 모든 사람들께 인사한다

한가위 날에의
복된 나날 되시라고

* 십오야(十五夜) 한가위 보름달. 빈땅(별 : Bintang)

시월아

시월아
시월이라네
내 너를 생각할 때
너 나를 생각할까
어디선가
찾아야 할 생각
무엇인가
메꾸어 할 마음
내 마음
네 마음
꼬리에 꼬리를 무는
내 인연
네 사랑
쳐다보고
잊어야 할 것 같은
시리도록
맑은 깨끗한 달
시월이라네
내 고향 하늘은 맑고 높다
벗님이여
파란 시월 닮은 하늘 같아라

11월

나뭇잎이 탯줄 끊듯 떨어진다
자살일까
타살일까
아직
마지막 입새 달려 있다
자작나무가 소리를 낸다
자작자작
불꽃 결혼식 봉투에 축 화촉이라 적는다
11월이
하나하나 하나 일렬로 서 있다
귀뚜라미 한 마리
울음에 밤을 익힌다
내가 네가
보고 싶다고 입언저리 눈가에서 맴돌면
달력 해 몰이가 가을걷이를 서두른다
11월
하나
하나하나를 채우기 위해

죽은 자의 빼앗김

빼앗김은 억울함
잃어짐은 속상함
빼앗기고 잃어져
억울하고 속상함이다
부상당함은 아픔
가족 잃는 것 슬픔

내가 살던 곳이 부서지고 허물어져 없어졌다
울음은 눈물 소리조차 나지 않고
아픔은 아픔이 어떤 느낌인지 생각지 못하고
꺼익 꺼익 소리만 낸다
자연의 흐름은 너무 가혹하게 남김을 준다

9월 29일 오후 6시 2분 슬라웨시 섬 강진이 준
아픔과 슬픔을 기억하는 것이 능사는 아닐진대
그러나 아무 것도 할 수 없다고 알림의 글을 쓴다
슬픔 속에의 처참함과 비참함을

* 지진 해일이 주는 참사에의 슬픔
(빨루. 시기. 동갈라지역 Palu. Sigi. Donggala)

아침

오늘 아침도 더하기 하지 못하고
빼기 하여 모두 소멸되는 것을
셈 하리다
아침
오늘아침
맑은 이슬도
해님 쳐다보며
이아침의 숫자를

목욕

숨소리가 밤새 만들어 놓은 아침을
해님 속살로 몸매를 비누칠하고
보송 몽실하게 향수를 뿌린다

은하수 물결로
달 배의 손길로 빚어낸 옛 음악이
흐르는 나팔꽃의 꿈이 되고
계수나무 산토끼 달님 향기가
달콤히 행복 이슬로 맛볼 수 있게
사랑의 기쁨 되는 여정의 길이 된다

무릇 익어져갈 오늘 나날이
눈빛 하나로 마음이 통하여 읽으며
마주한다는 것이
고이 마음 갈피에 끼워있는 들꽃 풀잎에서 곱다웁다
벗님이 있어 행복하다

은총의 두 손 모음하며
진정한 하루의 설익음을 익으며
오늘도 가벼움으로 용치 곧아 오름의 날개를 편다

날씨

날씨가 능청을 떤다
아직 여름인척

어제 내린 비는 눈물을 흐리면서
계절이 다함을 알려주는 데
하늘에서는 고추잠자리가 마당놀이를 한다

누렇게 익은 호박이 벌렁 누워 일광욕을 즐기자
들판의 곡식이 갈색 노란 빨간 옷으로 갈아입고
고개 숙여 흙 묻은 농부의 손길을 맞이한다
산마을 자락에 빨간 사과는 얼굴을 붉히며 수줍어한다

잎사귀 속에 숨어 던 감 역시 잎사귀들을 털어내고 까치
밥 되기를 거부치 않으며 자기를 내놓는다
어느 하나 아낌없이 숨김없이 내놓는다

사람들은 자연이 준 선물에 하늘을 쳐다보며
조상님께 큰 절을 한다
아침저녁 찾아 드는 갈바람이 들녘에 코스모스 살랑
하늘 바람과 숨바꼭질로 몸 흔들며 교태를 부린다

찬 이슬 먹은 야생화와 들녘 국화는 차향 속에
철길 다리 밑에서 겨우살이 얘기를 엿들어도
호랑나비와 꿀벌은 고맙다고 마지막 인사를 하고 있다

지금은 계절이 짊어지고 건너는 징검다리에서
무게를 곁눈질하며 재고 있다

알참과 쭉쟁이
보냄과 맞이함
잡음과 놓아줌
계절이 주는
씁쓸함의 기쁨이란다

고맙다 계절아
다시 만나자 안녕

가을맞이 남자

시간 유산

시간의 시계 창고에는 뻐꾸기가 산다

뻐꾸기 시간 알은 몰래
세상둥지에다 숨겨 품게 하여 부화시켜
세상을 호령하는 총 사령관노릇을 하게 만든다

비록 남의 둥지에서 태어난 후엔
정직함을 원칙으로 존재하는 양심이 된다

새벽녘에 목청 높여 노래하는 장닭이 친구며
토끼와 거북이와는 같지 않다

사람들이 몸치장하고 외출할 때 동행하며
때로는 높은 종탑에서 세상구경을 하며
군중을 모았다 흩어지게 하고
모임을 총괄하여 신임을 받기도 한다

시간은 시시각각 숨쉬기할 때
빨리도 늦게도 하지 않는 심장의 표본이 된다
사람들의 삶을 다스리고 결정지으며
사람들의 운명인 생노병사와 희로애락을 좌우한다

대자연의 운동장에서
고추 먹고 맴맴 담배 먹고 호호
빙글벙굴 돌며 시간을 만들며 먹는다

나와 내 애인에게도
시간 알을 시계 속에서 입술을 떼지 못하고
사랑의 나비춤을 함께 추며 웃게 한다

시간은 시계창고에서 살아있고 움직이며
행복과 불행을 창조하고
세상사 으뜸의 자리에서 존재하며
나를 오늘도 살게 한다

계절이 주는 독백

천천히 오세요
등 떠밀어 내지 않아도
순번대로 찾아올 것을
빨리 가고 늦게 온다고
좋아 할 이 누구입니까
여름에 품아리하였던
보따리를 가을바람이
슬그머니 풀어 놓는다
가을이 준비한 차림표는
겨우살이에 필요한 것을 챙겨 가지고 있다
계절이 나눠주는 선물
지난 과거가 지금 현재에서 미래로 연결한다
너나 같이 변화가 주는
기쁨과 고통을 같이 하는 베풂의 잔치가 된다
시간이 남겨 주는 것도
필요조건 충분조건으로 추스리며 세워준다
계절 속에는 내가 있고
추억 속에는 네가 있다
평행과 평행을 이루는 자연의 저울무게는
불만과 행복을 심판한다
계절

모든 계절은 감사 배려 소망 사랑을 가르칠 때
가을이 준 내 독백이다
자연에의 계절에서

■ 이인상 시집 《인도양에 핀 종이꽃》 해설

인간존재에 대한 거시적 통찰

김 치 홍
(문학평론가, 문학박사)

시는 유한성을 인식한 인간이 원초적인 결핍을 인식하면서 잉태된다. 시인은 삶의 존재론적 본질과 자연적 질서를 직시함으로써 사유의 자유를 얻으려는 시인의 욕망이 시의 기대의 지평을 이루게 된다. 인간이 본질적으로 초탈할 수 없는 유한성을 극복하기 위한 인식의 전환은 삶과 죽음, 존재와 무, 충만과 결핍, 긍정과 부정 속에서 새로운 깨달음을 통해 시로 승화된다. 그래서 시의 세계는 비움과 채움, 욕망과 좌절, 불안과 고독, 방황 속에서 진정한 삶과 자유를 모색하게 된다.

따라서 시인의 시적 상상력은 존재의 대한 본질적인 인식과 그 유한성을 극복하려는 의지와 모색이 얼마나 자유지향적인가에 달렸다. 이인상 시인은 사물과 세상을 보는 시각이 사뭇 이채롭다. 뜻하지 않게 민감한 계절의 변화를 틈 탄 세속적 욕망의 파탈(擺脫)을 보는 시야가 형성되어 있으며, 인간의 근원적인 향수에서 비롯된 그리움과 기다림 그리고 행복을 노래하는가하면, 한편으로는 비움을 예찬하기도 한다.

1.이중적 조응(照應)의 레토릭

질서와 조화가 있는 완전 체계를 코스모스(the Cosmos)라고 한다. 희랍어(kosmos)에서 유래한 말로 코스모스는 질서와 조화가 있는 체계가 잘 잡힌 것이 우주라고 생각한 것에서 연유한 것이다. 반대로 무질서를 카오스(choas)라고 하는데, 본래의 카오스는 무(無) 또는 절대공간으로, 처음으로 무언가가 나타나기 전까지 어떤 것도 존재하지 않은 상태를 이른다. 그리스 신화에서 최초에 생긴 것으로 '텅 빈 공간' 즉, 우주가 들어갈 공간을 뜻한 용어로 쓰였다.

띄어쓰기는 문자생활의 질서다. 띄어쓰기를 함으로써 이해가 바르고 빨라질 수 있다. 그래서 1933년 〈한글맞춤법통일안〉이 만들어진 이후로 띄어쓰기를 표기의 한 원칙으로 삼고 있다. 그런데 글쓰기에서 띄어쓰기를 의도적으로 포기(抛棄)하는 것은 일종에 이에 대한 거부라고 볼 수 있다. 이러한 거부의 행위는 제도화 된 규범이나 질서에 대한 저항의 표시일 수 있다. 이상(李箱)도 〈오감도(烏瞰圖)〉에서 일부러 띄어쓰기를 하지 않음으로써 기존의 사회적 질서에 대한 거부를 표현하기도 했다.

이 시인도 몇몇 작품에서 의도적으로 띄어쓰기를 거부하는 듯한 모습을 보이고 있다. 그러나 그것은 기존의 질서에 대한 거부가 아니라, 부정적 요소를 긍정적으로 인식하려는 자세를 보이는 레토릭(rhetoric)이다. 〈이다. 아니다. 돌멩이〉는 서술어에서 긍정의 표현인 '이다' 와 부정의 표현인 '아니다' 를 교차반복적으로 사용하고 있으면서, 부정적 요소를 긍정적으로 바라보는 것이다. 따라서 이 시는 '돌멩이' 가 다양한 의미로 변주되는 가운데 의미를 확대 생산되면서 긍정과 부정을 반복하고 있다. 다만 '아니다' 를 쓸 때는 '~만이 아니다' 라고 하여 한정하는 보조사를 곁들여 사용하고 있어 앞에서 진술되는 내용을 일부 한정하고 있다.

이다아니다돌멩이는바람한점에
하늘햇볕땅달빛을내려부어
돌멩이는모래가아니며
만물모양새닮으려는조약돌탄생이다

디딤돌은짓밟고건너가는여울목돌이다
걸림돌은사악한짓으로걸림하는돌만이아니다
누름돌은겨울김장독에묻혀있는돌이다
보석돌은여인네의아름다움빛냄돌만이아니다
주춧돌은기둥덮게된조상묘고인돌이다
보듬돌은신의특을껴안음하는돌만이아니다
무딤돌은정적동적인성질을품은돌이다

바둑돌은지혜지략을꾀하는오락돌만이아니다
모래돌은지구몸뚱이알갱이작은돌이다

화석돌은자연사람살이발자취의돌만이아니다
귀환돌은독립선열의뜻기리는기억광장돌이다

흙과물이뼈에피되어코끼리와고래에서
자애와진실을잉태하며
바위속세상구경나온죽음의부활새싹되어
사람진화의혼이다

〈이다. 아니다. 돌멩이〉

1연에서 긍정일 수도 있고 부정일 수도 있는 돌멩이의 생성을 말하면서 그것이 만물의 모양새를 닮으려한다고 했다. 이 돌멩이가 인간의 삶에서 다양한 형식을 상징한 도구임을 암시하고 있다. 2연에서 긍정적인 의미를 가진, 디딤돌, 누름돌, 주춧돌, 무딤돌은 도움을 주는 것들이지만, 부정적인 '아니다'의 서술어를 가진 걸림돌은 타인의 행위에 지장이나 불이익을 초래하는 것이고, 보석돌이나 보듬돌은 양면적인 의미를 지니는 것인데, 부정적인 면을 한정해서 서술한 것이다. 디딤돌은 밟고 올라설 수 있는 것으로 타인이 높아지도록 하기 위해 자신을 희생하는 것이라면, 누름돌은 김장배추가 들뜨는 것을 막아줌으로써 맛을 좋게 하고 오래 보존할 수 있게 하는 것이다. 주춧돌은 집을 지을 때 기둥을 받치고 있는 돌이면서, 조상의 무덤을 지탱해주는 돌이다. 이 고임돌이 있음으로써 조상을 통해 뿌리와 역사를 알게 되며, 미래를 다짐하기도 한다. 무딤돌은 물이 넘나들어 수해를 막아주는 역할을 하는 것인데, 첨예하게 대립된 존재들에게 배려하고 양보하여 분쟁과 경쟁을 완화시키는 존재이다. 보석돌은 여성을 아름답게 빛내는 돌이지만, 한편으로는 허영심을 드러내는 것이어서 부정적이기도 하다. 보듬돌은 신에게서 위로를 받을 수 있는 것이기도 하지만, 신의 섭리와 위대함을 일깨우는 돌이기도 하다. 3연에서는 2연이 '이다'로 시작한 것과는 달리 '아니다'부터 제시하였다. 바둑돌, 모래돌, 화석돌, 귀환돌은 가치중립적인 소재들이지만, 바둑돌과 화석돌은 아니다와 조응을 이루고 있다. 바둑돌이 오락의 재료이지만, 단순한 오락용 돌이 아니라, 인간의 삶의 오묘한 이치와 궁리가 있음을 말하고, 화석돌은 지난 인간의 삶의 자취이면서 역사의 흔적이기만 한 것이 아니라. 물질문명의 문란과 만연을 응징한 징벌의 표징(標徵)이거나 그 집적물일 수 있음을 말하고 있다. 반면에 모래돌은 가장 작은 원초적 단서(端緖)들이 형성한 것이고, 귀환돌은 독립을 위해 자신을 희생한 선열들을 기리는 징표임을 말하고 있다. 이와 같은 돌에 대한 시인의 해석은 긍정과 부정, 전체 또는 부분을 한정하여 의미를 비약 혹은 확대시키면서 삶의 통찰력에서 귀결되어진 세계관이 드러나게 한다.

이 시는 마지막 연에서 만물의 생성의 원천적인 재료인 흙과 물이 생명을 잉태하여 살이 생기고 뼈에서 피가 흘러 생명체가 되었음을 말하고 있다. 동물의 본능적 자애(慈愛)와, 사술(詐術)을 모르는 우직함에서 나온 진실은 부활을 통해 새로운 세계를 엶으로써 인간은 종교를 초월한 형이상학적 존재가 된 것이다.

그러나 시인은 '이다'와 '아니다'를 반복적으로 사용하면서 돌이 가지고 있는 가치의 정의를 재정립하고 있을 뿐 아니라, 사회나 관습, 혹은 규범에 대한 거부나 저항을 하고 있는 것이 아니라, 모두를 긍정적으로 바라보는 따뜻한 눈으로 살펴보고 있다. 마치 카오스의 텅빈 공간에 채워 넣을 듯이 모두를 포용하고 있다.

띄어쓰기를 하지 않음으로써 기존의 가치체계를 비아냥거린 것으로는 〈TV〉가 있다. 모든 세상의 TV가 총천연색 TV로 바뀌기 시작한 것은 1980년대 초부터이다. 그런데 40년이 지난 지금도 흑백 TV를 보고 있다는 것은 빠른 변화에 대한 부적응이나 거부가 아니라, 변화에 대응하지 못하는 자화상을 흑백 TV에서 본 것이다. 컬러 TV시대에 흑백 TV는 변해야 할 시기에 변하지 못한 존재이다. 변화해야 하는 시대의 건널목에서 머뭇거리며 휘청거리는 존재가 시적 자아이다. 흑백TV처럼 모든 감각기관이나 힘은 점점 낡아 겨울 눈사람같이 표정도 활력도 잃어가고 잊어간다. 미래로 흘러갈수록 삶은 힘들고 감각기관의 기억은 희미해져 가는데, 마치 흑백TV가 이미 낡아 소리도 커졌다 작아졌다 하면서 쉰 목소리로 이야기하듯이, 세상살이를 이야기하면서도, 주어진 운명처럼 손뼉 치며 기뻐하며, 애국심도 가져보며 행복해 한다. 그러나 이는 역설이다. 이런 상황에서 애국이 있을 것이며, 진정 행복해 할 수 있겠는가? 다만 시적자아는 자신의 분수를 알고 주어진 운명에 순응하며 살지만, 현재의 삶에 적응할 수 없는 먼 곳까지 와 있음을 자조적으로 노래한 것이다.

나는오래된흑백티브다
검정화면에는지난나날의장면이지나가고
하얀백색화면에는흰머리가락이흔들린다
세상다리건널목에서휘청거려지는
내다리를부여잡으며엉거주춤하는늙은이를본다

눈은봄의푸르러움을
코는여름하늘냄새를
귀는가을벌레소리를
입은겨울눈사람같이
잊고잃어만간다

어제오늘내일은
힘들고더힘들고
흐려졌다밝아졌다
흑백이좋고나쁨만을
한탄하면서본다

티브소리도커졌다작아졌다쉰목소리를내며울부짖는화면속에서세상살이올림픽태극기물결속에서손벽치며행복해하는나를발견한다지금

〈TV〉

암흑처럼 아득한 검은 화면과 하얀 백색 화면은 시적 화자와 흑백 TV, 그리고 늙음과 낡음이 서로 조응하며,

동병상련(同病相憐)의 처지에 놓여 있음을 보여주고 있다. 이런 상태에서 쉰 목소리와 소리의 불규칙함에서 시적화자는 모든 질서가 무너지고 삶은 팍팍해지고 있음을 노래한 것이다.

2. 계절의 순환에서의 지혜

이 시집에는 계절과 관련된 시가 유독 많이 있다. 단순히 사계절의 아름다움을 계절별로 노래하기도 했고, 네 계절을 함께 쓰기도 한 것도 있다. 그러나 상당수의 시는 계절을 노래하기보다는 시간의 흐름, 즉 계절의 변화를 시간의 순환 구조 속에서 감사와 배려와 소망, 사랑을 노래하고 있다.

천천히 오세요.
등 떠밀어 내지 않아도
순번대로 찾아올 것을
빨리 가고 늦게 온다고
좋아할 이 누구입니까?
여름에 품아리 하였던
보따리를 가을바람이
슬그머니 풀어 놓는다
가을이 준비한 차림표는
겨우살이에 필요한 것을 챙겨 가지고 있다
계절이 나눠 주는 선물
지난 과거가 지금 현재에서 미래로 연결한다

너나 같이 변화가 주는
기쁨과 고통을 같이 하는 베픔의 잔치가 된다
시간이 남겨 주는 것도
필요조건 충분조건으로 추스리며 세워준다
계절 속에는 내가 있고 추억 속에는 네가 있다
평행과 평행을 이루는 자연의 저울무게는
불만과 행복을 심판한다
계절
모든 계절은 감사 배려 소망 사랑을 가르칠 때
가을이 준 내 독백이다
자연에의 계절에서

〈계절이 주는 독백〉 일부

이 시에서 해와 달의 주기에 따라 변화하는 계절은 '과거가 현재에서 미래로 연결'하는 고리인 셈이다. 연결고리에 의해 순환되는 계절은 단순히 변화만을 의미하는 것이 아니다. 계절이 자연의 운행법칙에 따라 변화하는 주기이지만, 우주생명의 시간 리듬이기도 하여 질서를 의미하기도 한다. 그래서 시인은, '평행과 평행을 이루는 자연의 저울무게는' 모든 치장을 걷어내어 실체가 드러나는 가을과 겨울을 맞아서, 인간의 '불만과 행복을 심판'하게 된다. 질서와 계율의 상징인 테미스(Themis)의 딸로, 정의의 여신인 디케(Dike)처럼 삶의 무게를 저울질하는 매개체로 시인에게 다가왔다. 그 가운데서 시인은 따뜻한 눈을 가지고 세상을 긍정적으로 바라보면서 자연이 모든 것의 절대적 존재임을 말하고 있다.

다음의 시는 계절의 변화에서 성숙해지는 인간에 대한 자각을 노래하고 있다. 계절은 춥고 덥고 하면서 늘 오고 가는 것이지만, 인간은 스스로 인식하지 못하는 사이에 순리대로 살아가는 자연을 본받아 슬기로워지고 있음을 시인은 알고 있다.

봄에 태어난 새싹은
여름 꽃말이 되어
가을의 열매로 봄날에 뿌린 씨를 추억한다
겨우살이 씨앗이 땅속에 숨긴
따뜻한 마음도
겨울을 헤이는 마음으로
차가와도 시원하다고 하는 것은
봄에 받을 선물이기 때문이다

바다를 알지 못하는
우물 안 개구리는 하늘이 좁고
메뚜기 새 계절 모르듯
하루살이는 오늘만 살지

사람은 자신을
익어 가는 세월이라 누가 알까
자연으로 돌아가자
세상사 꽃의 미소로 서로 사랑하는 거라고

봄 여름 가을 겨울
참살이
신이 주는 포근한 행복을 모르는
꼬리를 물 듯
봄날은 간다

〈참살이〉 일부

어쩌면 인간은 계절이 변화하는 가운데서 삶이 이루어지는 것을 부지불식간(不知不識間)에 잊고서 늘 하루살이처럼 사는 존재인지도 모른다. 이러한 '오늘'에 급급해 사는 인간의 모습은 정저지와(井底之蛙)나 좌정관천(坐井觀天)에서 오는 관견(管見)을 넘을 수 없는 존재이고 보면, 개구리나 메뚜기나 하루살이와 다를 것이 없는 존재이다. 그러나 인간은 살아가는 동안 스스로 지혜로운 면모를 지니게 되어, 만물에서 우월적 존재가 되었을지라도, 만용을 부리지 않고, 세속적인 것을 경계하여 자연으로 돌아가서 서로 사랑하게 된다면, 그리고 계절의 변화 속에서 '참살이'를 한다면 신이 주는 행복은, 계절이 자연스럽게 흘러 봄날이 가듯 삶 속에 녹아 있을 것임 말하고 있다.

시인은 자연의 아름다움과 영원함에 비하여, 이 작품 속에 나타난 시적화자는 본연의 아름다움을 자연과 같이 지속적으로 가질 수도 없는 한계성을 지니고 있는 존재로 인식하고 있다. 그리고 인간은 원초적으로 문명 속에서 살아갈 수밖에 없다는 존재의 참삶을 근원적인 자각에서 보다 관조적으로 바라보고 있다고 풀이할 수 있다.

3. 호모 데우스의 한계

아자 가트(Azar Gat,1959~)는, "인간은 수없이 다양한 문화 속에서 살아왔다. 수많은 문화는 끊임없이 변해왔고, 서로 상당히 다르지만, 어떤 면에서는 모두 인위적이다. 그렇게 인류는 그 기원으로부터 믿기 힘들 정도로 먼 곳까지 이동해 왔다."(《문명과 전쟁(War In Human Civilization)》, 오숙은 · 이재만 역, 교유서가, 2017, p.20.)고 했다.

끊임없이 변해온 수많은 문화로써, 자연적인 개체의 문화는 그 자체의 논리에 기준이 맞추어져 있다. 이러한 과정에서 문화의 차이가 형성되었고, 그 문화적 차이에 의한 그들의 운명의 시계는 상대적이고, 인위적이며 절대적이다. 그것은 그들이 이룩한 문화이기 때문이다. 문화라고 했지만, 인간이 살아가는 방식에 대한 양식화를 말한 것으로, 다양한 문화라는 것은 살아가는 방식에 대한 양식의 차이를 인식하고, 그 차이에 따라 분류하고 체계화한 것에 불과하다. 그리고 그것이 세계를 보는 안목을 형성하게 된다.

〈자랑〉은 미시적(微視的) 존재들의 상대적 안목의 한계성을 보여준다. 인간이 객관적 관점에서 사물을 바라보는 시각의 척도는 인간의 주관적인 차원에 불과한 것이다. 그럼에도 상대를 폄하하고 왜곡하는 사태(事態)는 인간 사유의 한계의 결과임을 시인이 말하고 있다. 마이크로 코스모스(micro cosmos)의 세계 속에 사는 인간이 아무리 왕 노릇을 한다고 할지라도 남가일몽(南柯一夢)임을 다음과 같이 노래했다.

하루살이가 자랑한다
메뚜기에게 자기는 팔만육천사백초시간인
긴 하루 산다고
백일홍도 다른 꽃 십일홍보다 붉은 꽃으로
삼 개월인 백 날의 많은 나날을 산다고
나팔꽃에게자랑한다

그러나 봄부터 싹 터 찬바람 이슬에 떨며
매달려 까치밥이 되는 홍시는 아무 말이 없다

만물의 영장 사람은 폼을 잡으며 자랑한다
개구리 보고 다음 봄에 다시 만나자고 얘기할 때
원숭이가 나무 위에서 세상 멀리 쳐다보며
인간 흉내를 낸다

이런 세상에서 사는 나는
오늘도 신의 영역에서 신이 되어
온 천하를 내 손 안에 넣으려 땅따먹기를 하고 있다

나는 행복하다
부처님 손바닥 속에서 손오공이 되어
세상 허공을 휘 젓고 있으니
나는 오늘 하루 임금님 노릇을 할 것이다
하루의 꿈 속에서

〈자랑〉

이 시에서 하루살이, 메뚜기, 백일홍, 홍시, 개구리, 원숭이는 모두 자기만의 세계관 속에서 존재하며 자만(自慢)에 빠지지만, 상대적인 관점에서 타자(他者)를 보면 미시(微視)의 세계 속에 존재함을 알게 된다. 그러나 그 자신들은 자기의 안목으로 인식한 세계가 모두인 줄 알아서 자기 밖의 세계는 이해할 수 없는 존재들이다. 미시적 세계관으로 거시적 세계를 이해할 수 없는 한계에 놓여있는 존재인 것이다.

인간존재에 대한 각성은 자신이 누구인가를 확인하는 데서 시작된다. 이 시인은 자신의 분수와 유한성이 토대가 되어 존재마다에서 그 의미를 찾게 되는데, 유한한 존재인 인간이 마치 신이나 된 것처럼 절대적 존재로 착각하고 사는 부류임을 말하고 있다. 그러면서 나는 행복하다고 하는 것 또한 역설이다. 자신의 의지대로 만물의 영장이라고, 또는 다른 동물보다 우월한 신(神)적 존재라고 하며 행복을 이야기하지만, 그 자신은 손오공 손바닥에서 세상을 휘젓고 있는 꼭두각시에 불과한 존재일 뿐이다. '신의 영역에서, 신이 되어 온 천하를 내 손 안에 넣으려 땅따먹기' 를 하는 존재, 즉, 신(神)도 아니면서 신의 영역에서의 신처럼 온 천하를 손에 넣으려는 끝없는 욕망을 가진 존재가 인간임을 폭로하고 있다. 신이 되려는 인간 즉, 호모 데우스(Homo Deus), 인간은 신이 되어서라도 끊임없이 행복을 추구하려 하지만, 그 행복은 무지개처럼 멀리서 영롱하게 보이기만 할 뿐 쉽게 손에 잡히지 않는다. 인간은 어디로 갈 것인가? 유발 하라리는 그의 《호모 데우스(Homo Deus)》에서, 인간의 행복을 떠받치고 있는 것은 하나는 심리적인 것이고, 다른 하나는 생물학적인 것이라고 했다. 그는 "심리적 수준에서 보면 행복은 객관적 조건보다 기대치에 달려있다. 인간은 평화와 번영을 누릴 때 만족하지 않는다. 실재와 기대치가 일치할 때 만족한다."고 하고, 그리고 "생물학적 수준에서 보면, 기대와 행복을 결정하는 것은 경제적 · 사회적 · 정치적 상황이 아니라, 우리의 생화학적 수준이다. 생화학적 기재는 각성과 흥분을 일으키는 것인데, 스포츠 같은 것이나 항우울제나 각성제 같은 것으로 흥분상태에서 느끼는 행복"이라고 했다.(《호모 데우스》, 김명주 역, 김영사 2017, p.58.) 그의 이론대로라면, 생화학적 기재를 탐닉하지 않는 한, 행복은 심리적인 측면에서 보면, 겸손해지지 않으면 불가능하다.

쉼 없는 시간은
영원을 약속 하나
멈춤 없는 하루 생활은
내일도 기약치 못하네

하루살이 일생은
하루를 예약한다지만
백년을 내다보는
사람들의 욕심은
바벨탑을 쌓고 있네

오늘도 모르는 내일
사람 마음은 내려놓지 못하네 지금도
모자람 없는 내일일 것이라고
바람이 거품 구름을 밀고 간다
이 가을에 구름 한 조각을 보며 품은 이야기다

〈구름 한 조각〉

멈춤이 없어 마치 영원할 것처럼 보이는 인간의 쉼 없는 생활은 실상 내일을 기약할 수 없을 정도로 불투명하고 허약한 존재이다. 하루살이가 온 힘을 다 해 살아도 인간의 시간으로 보면 하루에 불과할 뿐인 것처럼, 인간이 백년을 산다고 하는 것도 우주적 시간으로 보면 하루살이와 별차이가 없는데, 인간은 신의 영역에 이르기 위해 바벨탑을 쌓고 있다는 것이다. 하라리의 말 대로, '인류를 괴롭힌 기아와 역병과 전쟁을 진압하고 신처럼 된 인간' 이, 불멸과 행복과 신성의 영역으로 다가가면서, 인간은 '호모 데우스' 가 되려고 하는 것이다. 신의 영역에 도전하려는 인간의 맹목적인 욕망은 무차별적이면서 보편적으로 확산되어 가고 있다. 인간 개개인은 유한한 존재로 한 치 앞을 못 보고 있으면서, 내일은 모자람 없을 것이라고 거품 구름 같은 생각에 사로잡혀 있음을 이 시인은 노래하고 있다. 구름을 관조적으로 바라보면서, 바람에 힘없이 밀려가는 구름 같은 존재로서의 인간의 헛된 욕망을 시인은 가을에 상념에 젖어 음미하고 있음을 보게 된다.

4. 인간 존재에 대한 자각

시는 상징을 통해 다양한 의미를 형상화한다. 이 상징은 개인의 삶이 원천적인 바탕이 된 것이지만, 체험을 통한 사유의 세계를 보여주기도 한다. 이를 테면 다음의 시 〈흙〉의 1연은 창세기의 천지창조를 근거로 흙이 인간과 생물의 형성 과정에서 토대임을 말하고 있다. 따라서 무에서 창조된 하찮은 존재가 인간임을 말하고 있다. 그 인간이 4연에서 도자기를 굽는 과정에서의 인간이 연단을 통해 성숙해지는 존재임을 노래하고 있다.

흙이 한 줌 모래에서 사랑의 기쁨 슬픔으로
진흙은 무명에서 생명의 삶을 승화시킨다
신비 우주가 무에서 유로 창출해 빛 어둠을 만들어
바다. 물고기. 식물로 성숙시킬 때
흙더미는 벌레. 동물. 사람 진화를 만들었다

흙은 나무 뿌리를 보듬어 안고 떡잎사귀에서
꽃. 열매 맺고 인과응보 깨우침을 가르쳤다

흙이 사람들의 발 아래 밟힘 당해도
자리에 욕심치 않고 위에 얹져도 오르지 않으며
우러러 보면서 하늘이 넓고 높음을 말한다

흙 성질은 더 이상 낮아질 수 없는 한계로
최고 높은 자태의 도자기 불가마 불꽃 된다

흙은 겸손(Humble)이다
흙은 인간(Human)이다
흙은 아담(Humus)이다

흙이 아퀴 생명체 산실에 생물 무생물을 품고
흙은 자연 품안 표징 그대로 돌아간다고 소리친다

〈흙〉

이 시는 1연에서 하나님이 빛과 어둠을 나누고 온 세상을 창조한 〈창세기〉의 이야기를 중심으로 전개하던 것이, 흙더미에서 인간이 '진화' 한 것으로 변모했다. 의도적인 뒤틀음이 아니라, 세상의 창조는 절대자이고, 나머지는 진화에 의한 것으로 판단했다. 2연에서 자연의 현상을 인과응보라고 한 것은, 인간의 삶이 이 인과응보에 의한 결론임을 말한 것으로 보인다. 법 이전에 양심과 도덕이 삶의 토대였던 것이다. 멸시와 능멸을 당해도 욕심을 부리지 않고 하늘을 우러러 무한한 우주의 광대함에서 인간이 한낱 미물임을 인식한 것이다. 이러한 반전은 아무 쓸모없는 흙에서 잉태한, 끝을 알 수 없는 인간의 욕망이 결국 한 줌의 흙에서 이루진 생명력일 뿐, 그 이상의 존재가 아님을 말하면서, 4연에서 더 이상 낮아질 수 없는 존재가 연단(鍊鍛) 통해 가장 빛나는 존재인 자기(磁器)로 승화된다. 그리고 흙으로 빚어진 인류의 조상이 아담이며, 따라서 근본이 흙인 인간은 겸손해야 함을 강조하고 있다.

5. 비움과 채움의 공간

일반적으로 비움은 단순히 아무 것도 없는 현재의 상태를 드러내기보다는, 있는 것을 버리고 아무 것도 없는 상태에 이른 무욕(無慾)의 경지를 의미한다. 얼핏 보아 〈반야심경(般若心經)〉에 나오는 '색즉시공(色卽是空) 공즉시색(空卽是色)' 이라는 불교적 사유의 세계가 일반적이다. 그러나 시인은 종교적 의미와 관계없이 비움을 말하고 있다. 이 비움은 채움을 위한 비움이다. 채우기 위해서는 비우라는 것으로 풀이할 수 있다. 따라서 이 시에서는 비움과 채움을 공간 구조에서 이해하여, 비움을 통해 채움이 이루어진다는 것이다. 비움이 없이 채우는 것이 아니라, 비움으로써 채워지는 원리였다. 없음으로 있음이 생기고, 다시 있음을 비움으로 전환하는 순환논리인 셈이다. 넘침이 없이 비움으로 채우는 것은, 얼핏 계영배(戒盈杯)를 연상시키는 대목이기도 하다. 항상 넘치지 않게 만들어진 잔, 물욕을 경계한 것으로 이 비움의 원리와 결과는 같다. 비움으로 채울 수 있는 것이나, 지나친 욕망이 제거되어 넘치는 것이 없는 것은 채울 때 넘치지 않도록 한 것이나 같은 이치이다.

빗방울만큼
슬픔을 가지세요

미리네만큼
기쁨을 만드세요

갤럭시(galaxy) 만큼
행복을 모으세요

비의 전설만큼
사랑을 이야기하세요

별 떨기 무리에서
끝과 머리를 채우세요

그리고 채움과 비움은
공간이 바탕입니다

사람이 얻고 싶은 것은
행복입니다

작고 큰 것들은 슬픔과
기쁨입니다
번뇌 애증이 변증한 사랑입니다

이것이 세상사에서 있고 없고를 잇는
삶의 공간이 아니런지

〈공간〉

채워야 할 것으로 빗방울, 미리네, 갤럭시(galaxy), 비의 전설, 별 떨기 무리들 등을 제시하였는데, 이것은 채워야 할 것이 세속적 욕망이 아니라, 거대한 우주적 자연이기 때문이다. 감히 채울 수 없는 것을 제시하여, 하찮은 물욕인 재물을 비우고, 장대하고 아름다운 자연으로 채우라는 뜻이다. 이런 시어의 열거는 지구 안에서 작은 욕망으로 다투는 모든 인간들에게 우주적 공동체의 관점을 요구하며, 사소한 번뇌와 애증조차도 변증법적 변화의 한 과정임을 보여주면서 폐쇄된 자아에서 벗어나길 소망하고 있다.

이상에서 본 바와 같이 이 시인의 관심이 인간세계를 관조하는데 있음을 알 수 있다. 거대한 우주 속에서 한낱 미물(微物)인 인간이 신의 세계에 이르려하는 욕망은 바벨탑에 불과할 것임을 말하고 있다. 이런 생각은 시적 관심이 현재의 정치나 사회, 혹은 종교에 있는 것이 아니라, 인간존재에 대한 관심이 크기 때문이다. 인간존재에 대한 거시적 안목이 주류를 형성하고 있다. 물론, 이 시인도 사소한 인간적인 그리움이나 사랑, 계절에 따른 감성적인 것이 창작의 관심권에서 배제된 것은 아니다. 그런데도 불구하고 위의 관점에서 이 시집 《인도양에 핀 종이꽃》을 검토한 것은 이 시인만의 또다른 시적 풍모였기 때문이다.

■ 이인상 시집 발문

「인도양에 핀 종이꽃」에 부쳐

김학진
(소설가, 시인)

강 건너 마을 수색에서 바라다 뵈는 한강물은 푸르렀지. 흐르는 강물처럼 세월이 우리들의 뼈마디를 굵게 했구나. 너 시인되어 첫 시집을 상재했으니 기쁘기가 한없다.

강인한 성격 끈기 있는 네 생활이 시마다 배어 있다. 이북 신의주가 고향이라는 너를 만나 일생을 같이했다. 네 아버지가 인민군 장교로 반공포로 석방 때 부하들과 남쪽에 남아 피난 나온 너희 가족들을 만났다지.

할아버지가 갑부로 천도교 신자여서 천도교에다 큰 돈을 헌금했다는 이야기, 과수원이 넓어서 어린 시절 사과만 먹고 살았다지 노티가 무언지 아느냐고 나에게 물은 적도 있었지.

너에게 들어서 안다. 나라를 사랑하는 마음, 인생을 살아가는 일, 종교까지 모두가 같았지, 쌍둥이처럼 너와 나 시인으로 시집 〈인도양에 핀 종이꽃〉을 보니 더욱 반갑다.

영특한 두뇌, 끝없는 용기 형제로서의 만남, 이 모두가 하나님의 뜻이 아닌가 한다.

이제 행복한 여행이 시작이다. 한국문단에 새바람을 넣는 일, 새로 수놓아 질 삼천리반도 금수강산 우리나라를 생각해 본다.

희망의 새해를 맞이하면서
2019년 2월 7일